\作って売れちゃう/
あみぐるみと小物

日本文芸社

はじめに

この本は『作って売れちゃう』編み物のレシピ集です。書籍やYouTubeなどで活躍する人気作家5人が、編み物普及のために作品を提供してくれました。そこには編み物業界を盛り上げたい、そして編みたい人を応援したいという想いが込められています。作家自身が過去に発表し、その後も大事に作ってきた作品もあれば、この本のための新作もあります。

❗掲載作品は、商用利用OK！

本書に掲載する作品は全て、商用利用OKです。ネットやバザーといった個人で行う販売に限りますが、作ったものは売っていただけます。ただし、企業を通した大量販売、編み物教室やYouTubeなどで教材として使用することなどは禁じます。ご了承ください。

今回は『あみぐるみと小物』にアイテムを絞り、お子さんから大人まで「かわいい！」「作ってみたい！」と思われるラインナップを取り揃えました。気に入ったものを作ったら、早速売ってみましょう。きっとモチベーションが上がるはずです。もちろん自分自身のために作るのもおすすめです。自由で楽しい製作活動にこの本を活用してください。

Contents

大　小
01 テディベア　P.6
How to make ⇨ P.49

02 トイプードル
伏せポーズ　P.9
How to make ⇨ P.54

03 トイプードル
おすわりポーズ　P.8
How to make ⇨ P.56

A コザクラ　B セキセイ　C オカメ
08 インコ　P.14
How to make ⇨ P.63

A いちご　B チョコ
09 ロールケーキ　P.17
How to make ⇨ P.65

10 ベリーなタルト　P.18
How to make ⇨ P.67

A ブタ　B ウサギ
14 アニマル小物入れ　P.24
How to make ⇨ P.77

A 柴犬　B フレンチブルドッグ
15 ワンコの
がま口ポーチ　P.26
How to make ⇨ P.79

ブローチ　バッグチャーム
16 トイプードルのバッグチャーム
とブローチ　P.29
How to make ⇨ P.82

A　B　C
20 ネコのコースター　P.36
How to make ⇨ P.89

A　B　C
21 ネコのマグカップホルダー　P.37
How to make ⇨ P.90

A パンダ　B シロクマ　C ネコ

04 ボタンアニマル P.10
How to make ⇒ P.58

着せ替えアイテム P.11
05 帽子
06 ポシェット
07 マフラー
How to make ⇒ P.61

07　05　06

A チョコナッツ　B カラフルチョコ

11 おままごとパフェ P.19
How to make ⇒ P.70

**12 ドーナツの
アクリルたわし** P.20
How to make ⇒ P.73

13 プリンの小物入れ P.22
How to make ⇒ P.74

A　　　　　B　　　A ワッフルタイプ　B 食パンタイプ　　　A　　B

17 ウサギブローチ P.30
How to make ⇒ P.84

18 目玉焼きブローチ P.32
How to make ⇒ P.85

19 粟穂のキーホルダー P.34
How to make ⇒ P.88

はじめに　P.2
〈あみぐるみの基本〉インコの作り方　P.42
編み目記号表　P.91
使用する主な材料と用具　P.94
作家からのメッセージ　P.95

● 印刷物のため、現物と色が異なる場合があります。
　ご了承ください。
● 糸や用具の掲載内容は、2024年10月のものです。

01 テディベア 大・小

大きな頭とまあるいお腹がかわいらしいクマのあみぐるみ。大きな方は高さ約30cmというサイズ感で、膝にすっぽりおさまります。2つとも同じ編み図で編んでいるので、もっと小さくしたい場合は細めの糸で編めば、リサイズも簡単です。

design／LiLi nana*
How to make ⇒ P.49

小

大

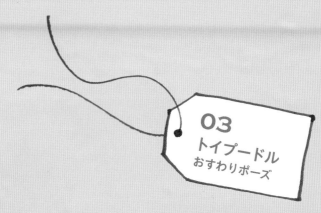

03
トイプードル
おすわりポーズ

テディベアカットが愛くるしい
シルバータイプのトイプードル。
ずっと抱っこしたくなるティーカッ
ププードルくらいの大きさです。

design／眞道美恵子

How to make ⇨ P.56

02 トイプードル
伏せポーズ

ふわふわの糸で編んだ手触りのいいトイプードル。前足がぐっと伸びた伏せのポーズでリアルさを再現。トイプー好きにはたまりません。

design／眞道美恵子

How to make ⇒ P.54

04 ボタンアニマル

目と腕の接続部分にボタンを使ったあみぐるみ3種。手のひらサイズのかわいらしさで、着せ替えも楽しめます。クマやネコは糸の色を変えてアレンジしてみるものおすすめです。

design／高際有希　How to make ➡ P.58

A パンダ　　B シロクマ　　C ネコ

A

08 インコ

手の中にすっぽりおさまる3種のインコ。心置きなくニギコロも楽しめます。太めの糸で編めばジャンボセキセイのアレンジも可能です。

design／小鳥山いん子
How to make ⇨ P.63

B チョコ

A いちご

ふわふわのスポンジに何層もの生クリームを重ねるなど細部にこだわったロールケーキ。飾ってもかわいいし、プレゼントとしても喜ばれそう。

design／andeBoo

How to make ⇨ P.65

09 ロールケーキ

10 ベリーなタルト

大小さまざまなベリーを、さまざまなトーンの紫色で表現。タルト、スポンジ、生クリーム、ベリーが重なって完成するパズルのようなユニークな構成です。

design／andeBoo　How to make ⇨ P.67

カップの中に入る、スポンジやカラフルなフルーツ、生クリームなどは全て単体のあみぐるみ。飾ってもよし、お子さんのおもちゃとしても楽しめます。

design／andeBoo

How to make ⇨ P.70

11 おままごとパフェ

12 ドーナツのアクリルたわし

硬めのアクリル糸を使ったアクリルたわしは、売れ筋アイテムの筆頭。まんまるなフォルムとカラフルなデザインは、キッチンを華やかに彩ります。

design／andeBoo
How to make ⇒ P.73

B カラフルチョコ

A チョコナッツ

13 プリンの小物入れ

さくらんぼの軸を持ち上げると、カラメルのフタが開くシンプルな小物入れ。アクセサリーや鍵、キャンディーなど、ちょっとした小物がプリン部分におさまります。

design／andeBoo

How to make ⇨ P.74

14 アニマル小物入れ

小さなカゴに動物のフタをかぶせた小物入れ。洋服のデザインを変えてみたり、他の動物にしたりアレンジの幅が広がります。フタ部分に指を入れたらパペットとしても遊べそう。

design ／高際有希

How to make ⇒ P.77

A ブタ   B ウサギ

B フレンチブルドッグ

15
ワンコの がま口ポーチ

柴犬とフレンチブルドッグの愛嬌たっぷりの顔をモチーフにしたがま口ポーチ。小銭入れとしてはもちろん、化粧ポーチとしても使えるたっぷりサイズです。

design／小鳥山いん子　How to make ⇨ P.79

A 柴犬

ブローチ　　　　　　　　バッグチャーム

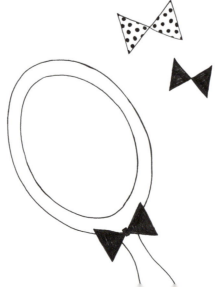

16 トイプードルの バッグチャームと ブローチ

編みやすい小さなトイプードルを、2つのアイテムとして提案。ハートのモチーフと合わせてバッグチャームに、裏側にブローチピンをつけたら洋服にもつけられるブローチになります。

design／眞道美恵子

How to make ⇨ P.82

17 ウサギブローチA・B

ピンと立った耳と立体的な顔が印象的なウサギのブローチ。糸の種類や色を変えたり、耳を折ったり短くするなどしてアレンジも楽しめそうです。

design／andeBoo

How to make ⇨ P.84

18 目玉焼きブローチ

B 食パンタイプ

ワッフルと食パンを土台に、目玉焼きを中心にカラフル野菜をトッピング。インパクト抜群のおいしそうなブローチは、年齢を問わず愛されそうなアイテムです。

design／andeBoo

How to make ⇨ P.85

A ワッフルタイプ

A

19
粟穂の
キーホルダーA・B

インコの大好物としておなじみの粟穂をキーホルダーに。インコのあみぐるみとセットで販売するとインコ好きに喜ばれそう。

design／小鳥山いん子

How to make ⇨ P.88

B

20 ネコのコースター A・B・C

ちょこんとついた猫耳としっぽが特徴的なコースター。冬場に活躍するマグカップホルダーとおそろいで使うとかわいらしさが倍増！ セット売りがおすすめです。

design／小鳥山いん子　How to make ⇨ P.89

21 ネコのマグカップホルダーA・B・C

コースター同様、猫耳としっぽがついたマグカップホルダー。猫好きのカフェタイムを盛り上げてくれる、機能性にも優れたアイテムです。

design／小鳥山いん子

How to make ⇒ P.90

B

A

c

あみぐるみの基本
インコの作り方

P.14の
セキセイインコを
作ります。

インコのあみぐるみをサンプルに、ぐるぐると筒状に編むベーシックな作り方を紹介します。顔を可愛らしく仕上げるのがポイントです。
P.63〜のHow to makeも合わせてご覧ください。

STEP1　頭を編む

[わの作り目]

1 右手に糸端を持ち、左手の人差し指に2回巻き付け二重の輪を作る。

2 輪を崩さないように人差し指から抜き、親指と中指でおさえる。

3 輪の中に針を入れ、糸をかけて引き出す。

4 糸をかけて引き出し、立ち上がりのくさり1目を編む。

5 輪にこま編みを編み入れる。

6 こま編みを合計6目編み入れる。

7 糸端を少し引き、二重の輪のうち、動く方の輪を引いてしぼる。

8 糸端を引き、残りの輪を引きしめる。

9 針を戻し、1目めのこま編みに引き抜き編みをしたら1段目が完成。

[すじ編み（手前を拾う）]

10 編み図のとおり10段目までこま編みで増し目をしながら編む。

11 10段目のこま編みの頭くさり2本のうち、手前の1本を拾う。

12 こま編みを編むと、こま編みのすじ編み（手前を拾う）ができる。

13 こま編みのすじ編み（手前を拾う）を3目編む。

14 1目飛ばして、次の目に長編みのすじ編み（手前を拾う）を5目編み入れる。

15 1目飛ばして、13、14、13をくり返す。裏から見たところ。裏にすじ編みのすじができている。

16 こま編みを15目編む。

STEP2 胴体を編む

[糸を替える]

17 1目めに引き抜くときに糸（B糸）を替える。

18 立ち上がりのくさり1目を編む。

[通常のすじ編み]

19 11段目の模様編みを手前に倒し、15でできたすじ目を拾ってこま編みを編む（このとき糸端を編むくるむ）。

20 糸端を編みくるみながらこま編みのすじ編みを6目程度編む。

21 前段の糸をカットする。

22 こま編みのすじ編みを合計15目編む。

23 通常のこま編みを編む。

24 1目めのこま編みのすじ編みの頭に引き抜く。

25 編み図のとおり増減させながら、こま編みで25段目の13目まで編む。

26 24段目のくさり編みの目を割って、裏山と奥半目を拾う。

27 こま編みのすじ編みを編む。

28 27同様にこま編みのすじ編みを2目編む。

29 編み図のとおりにこま編みを編み、1目めに引き抜く。

30 針にかかった糸がほどけないように大きくのばし、針をはずして綿を詰める。

[しぼり止め]

31 編み終わりの糸端をとじ針に通し、最終段の目を矢印のように7目拾う。

32 糸を引いてしぼる。

33 編み地にくぐらせ、胴体の適当なところに出す。

STEP3 各パーツを編む

[尾羽を編む]

34 糸を引いてカットする。

35 28でできたすじ編み目に糸をつける。

36 立ち上がりのくさり1目とこま編みを1目編む。

37 同様にこま編みを2目編む。

45

38 24段目のこま編みの足を拾い、こま編みを1目編む。

39 23段目のこま編みの頭にこま編みを3目編み、24段目のこま編みの足にこま編みを1目編む。

40 1目めのこま編みの頭に引き抜く。

41 編み図のとおりこま編みで増減なしで6段目まで編む。

42 立ち上がりのくさり1目を編み、矢印のように目を拾ってこま編み3目でとじる。

43 糸端をとじ針に通し33、34同様に糸処理をする。

[羽を編む]

44 わの作り目からこま編み6目を編み入れ、編み図のとおり増し目をしながらこま編みで6段目まで編む。

45 編み地を外表に半分に折り、立ち上がりのくさり1目を編む。

46 矢印のように目を拾い、こま編み18目でとじる。

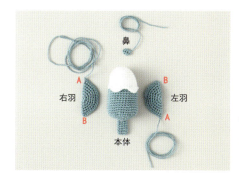

47 糸端を20cm残してカットする。これを2枚作る。

48 編み図のとおり鼻も編み、各パーツを揃える。

[羽をつける]

49 右羽をつける。糸端をとじ針に通し、A、Bを図の位置に合わせて本体に縫い付ける。

50 左羽をつける。糸端をとじ針に通し、A、Bを図の位置に合わせて本体に縫い付ける。

51 両羽を縫い付けたら、33、34同様に糸処理をする。

STEP4 顔を作る

[目を仕上げる]

52 頭と同じ糸をとじ針に通し、2本どりで頭の後ろから左目の刺し目の位置に通す。

53 1目隣(★)に針を入れ、右の刺し目の位置から針を出す。

54 1目隣に針を入れ、★の位置から針を出す。

47

55 糸端と針のついている糸を矢印の方向に引き、目元をくぼませる。

56 ★の位置から頭の後ろに針を出してカットする。糸端はかぎ針で頭の編み地の中に引き込んで処理をする。

[クチバシを刺しゅうする]

57 刺し目に接着剤をつけ、差し込む。

58 黄の糸2本どりで胴体の後ろから針を入れ、赤線の位置に縦に刺しゅうする（糸端は5cmほど残す）。

59 赤線の位置に、横に逆三角の形になるように刺しゅうする。☆の位置から胴体の後ろに針を出し、矢印の方向に強めに引く。

60 糸端はかぎ針で頭の編み地の中に引き込んで処理をする。

61 鼻の糸端にとじ針をつけ、クチバシの上に縫いつける。

[ほっぺを刺しゅうする]

長編み5目編み入れた目

62 鼻の糸端で続けて赤線の位置にほっぺの刺しゅうをする。

63 反対側のほっぺも同様に刺しゅうをし、胴体の裏側に糸を出し、**33、34**同様に糸処理をしたら完成。

01 テディベア 大・小 [P.6]

[糸] 大:DARUMA フロレット ミストホワイト(1)125g、
メリノスタイル並太 ライトベージュ(2)115g、
ダークブラウン(10)1g
小:ハマナカ ソノモノアルパカウール
ベージュ(550)160g、ブラウン(43)1g

[針] かぎ針7/0号、とじ針

[その他] 刺し目(黒・大12mm、黒・小10mm)各2個、
手芸用綿 大135g、小100g、手芸用接着剤

[ゲージ] 大:こま編み14目16段=10cm、小:こま編み19目19段=10cm

[仕上がりサイズ] 図参照

[作り方]
1. 大はミストホワイト、ライトベージュ各1本の引き揃えで、小はベージュ1本どりで各パーツを編む。それぞれ指定の糸で編み図のとおりに編む。
2. 各パーツに綿を詰め、指定の位置にとじつける(P.53組み立て方参照)。
3. 顔を作る。刺しゅうをし、指定の位置に接着剤で刺し目をつける(P.53組み立て方参照)。

大

小

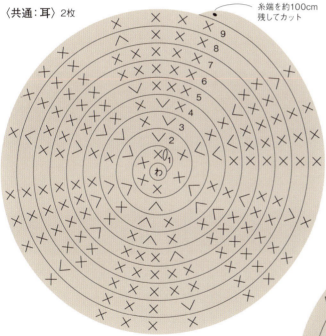

〈共通:耳〉2枚

糸端を約100cm残してカット

= 大:ミストホワイト・ライトベージュ各1本を引き揃え
小:ベージュ

段数	目数	増減数
9	24目	増減なし
8	24目	−6目
6・7	30目	増減なし
5	30目	+6目
4	24目	
3	18目	
2	12目	
1	わの作り目にこま編み6目編み入れる	

∨ = ⩗ =こま編み2目編み入れる
∧ = ⩘ =こま編み2目一度

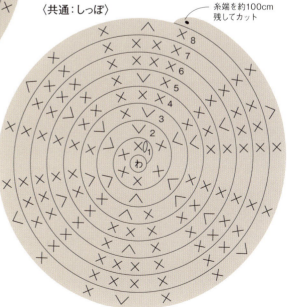

〈共通:しっぽ〉

糸端を約100cm残してカット

段数	目数	増減数
8	18目	−6目
6・7	24目	増減なし
5	24目	+6目
4	18目	増減なし
3	18目	+6目
2	12目	
1	わの作り目にこま編み6目編み入れる	

P.50へ続く→

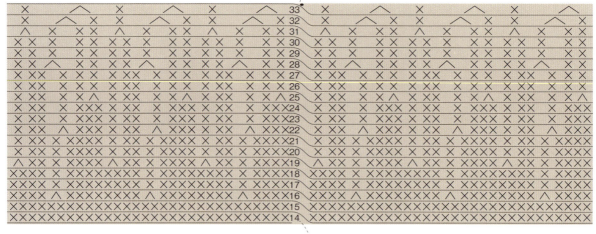

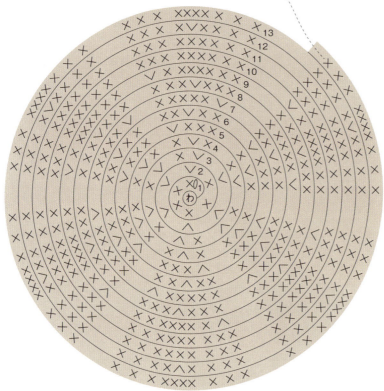

段数	目数	増減数
33	12目	−6目
32	18目	−6目
31	24目	−6目
29・30	30目	増減なし
28	30目	−6目
26・27	36目	増減なし
25	36目	−6目
23・24	42目	−6目
22	42目	増減なし
20・21	48目	増減なし
19	48目	−6目
17・18	54目	増減なし
16	54目	−6目
13〜15	60目	増減なし
12	60目	+6目
10・11	54目	増減なし
9	54目	+6目
8	48目	
7	42目	
6	36目	
5	30目	
4	24目	
3	18目	
2	12目	
1	わの作り目にこま編み6目編み入れる	

∨ = ＞＜ = こま編み2目編み入れる　　　▨ = 大：ミストホワイト・ライトベージュ各1本を引き揃え
∧ = ＞＜ = こま編み2目一度　　　　　　　　　　小：ベージュ

〈共通：頭〉

糸端を約80cm残してカットし、
綿を詰めて最終段に糸を通してしぼり糸しまつをする

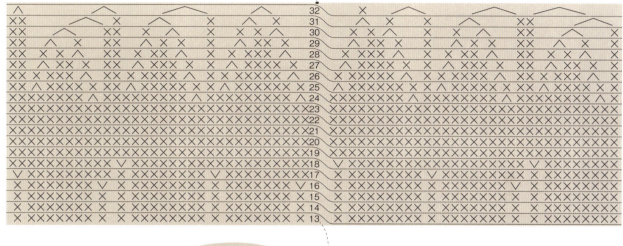

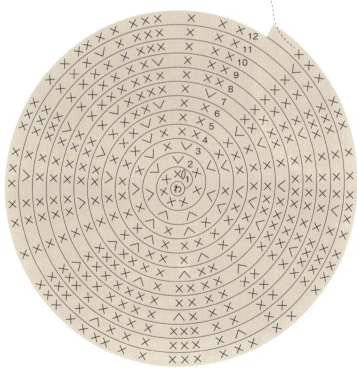

段数	目数	増減数
32	8目	−7目
31	15目	−6目
30	21目	
29	27目	
28	33目	
27	39目	
26	45目	
25	51目	
24	57目	
19〜23	63目	増減なし
18	63目	+3目
17	60目	
16	57目	
12〜15	54目	増減なし
11	54目	+6目
10	48目	増減なし
9	48目	+6目
8	42目	増減なし
7	42目	+6目
6	36目	
5	30目	
4	24目	+3目
3	21目	+7目
2	14目	
1	わの作り目にこま編み7目編み入れる	

P.52へ続く→

〈共通:足〉2枚

糸端を約100cm残してカットし、綿を詰めて最終段に糸を通してしぼる

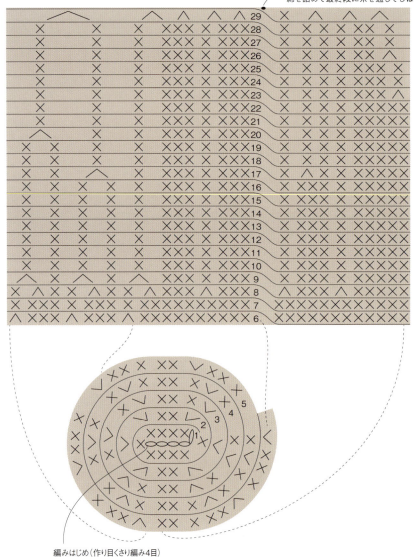

編みはじめ(作り目くさり編み4目)

段数	目数	増減数
29	9目	−8目
27・28	17目	増減なし
26	17目	−1目
24・25	18目	増減なし
23	18目	−1目
21・22	19目	増減なし
20	19目	−1目
18・19	20目	増減なし
17	20目	−2目
10〜16	22目	増減なし
9	22目	−3目
8	25目	−6目
7	31目	増減なし
6	31目	−3目
5	34目	+6目
4	28目	
3	22目	
2	16目	
1	くさりの作り目にこま編み10目編み入れる	

〈共通:口〉

約100cm残してカット

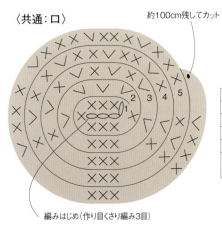

編みはじめ(作り目くさり編み3目)

■ = 大:ミストホワイト・ライトベージュ各1本を引き揃え
　　小:ベージュ

∨ = ✖ = こま編み2目編み入れる

∧ = ✖ = こま編み2目一度

段数	目数	増減数
5	28目	+5目
4	23目	
3	18目	
2	13目	
1	くさりの作り目にこま編み8目編み入れる	

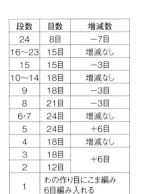

段数	目数	増減数
24	8目	−7目
16〜23	15目	増減なし
15	15目	−3目
10〜14	18目	増減なし
9	18目	−3目
8	21目	−3目
6・7	24目	増減なし
5	24目	+6目
4	18目	増減なし
3	18目	+6目
2	12目	
1	わの作り目にこま編み6目編み入れる	

〈共通：手〉2枚

糸端を約100cm残してカットし、綿を詰めて最終段に糸を通してしぼる

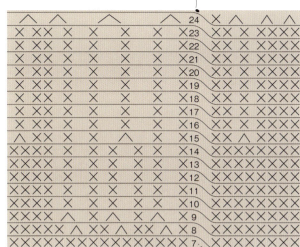

ストレートステッチ

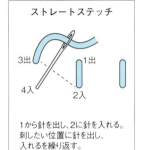

1から針を出し、2に針を入れる。刺したい位置に針を出し、入れるを繰り返す。

サテンステッチ

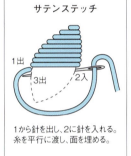

1から針を出し、2に針を入れる。糸を平行に渡し、面を埋める。

■ = 大：ミストホワイト・ライトベージュ各1本を引き揃え
　　小：ベージュ

∨ = ＼／ ＝こま編み2目編み入れる
∧ = ＼／ ＝こま編み2目一度

〈組み立て方〉

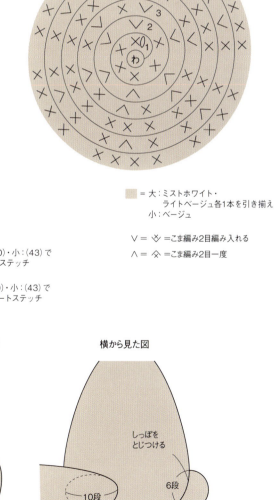

横から見た図

53

02 トイプードル伏せポーズ [P.9]

[糸] 毛糸ピエロ ラビッツ バーバラ(05)110g
[針] かぎ針9/0号
[その他] 山高ボタン(黒・13.5mm)2個、
　　　　ドッグノーズ(黒・15mm)1個、
　　　　手芸用綿 40g、
　　　　縫い糸、手芸用接着剤
[仕上がりサイズ] 図参照

[作り方]
糸は2本どりで編みます。
1. 各パーツを編む。編み図のとおりに編み、編んだ裏面を表面にする。
2. 各パーツに綿を詰め、〈組み立て方〉(P.56)のように組み立てる。
3. 顔を作る。目(山高ボタン)は縫い糸で縫いつけ、ドッグノーズは接着剤でつける。

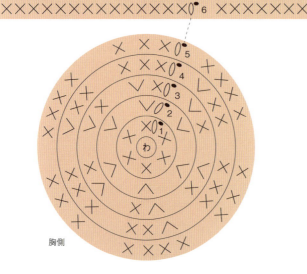

〈胴体〉

裏側を表にし、綿を詰めて最終段に糸を通してしぼる

裏側を表にする

段数	目数	増減数
21	6目	−6目
20	12目	−3目
19	18目	−3目
5〜18	21目	増減なし
4	21目	+3目
3	18目	+6目
2	12目	
1	わの作り目にこま編み6目編み入れる	

← 綿を入れる

∨ = ⋎ =こま編み2目編み入れる

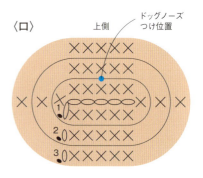

〈口〉

ドッグノーズつけ位置

裏側を表にする

段数	目数	増減数
2・3	12目	増減なし
1	くさりの作り目にこま編み12目編み入れる	

〈頭〉

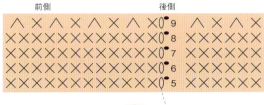
前側　後側

裏側を表にする

段数	目数	増減数
9	12目	−6目
4〜8	18目	増減なし
3	18目	
2	12目	+6目
1	わの作り目にこま編み6目編み入れる	

〈耳〉2枚

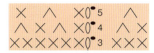
上側

下側

裏側を表にする

段数	目数	増減数
5	4目	−2目
4	6目	−3目
3	9目	増減なし
2	9目	+3目
1	わの作り目にこま編み6目編み入れる	

〈しっぽ〉

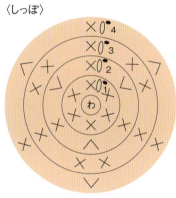

裏側を表にする

段数	目数	増減数
4	6目	−3目
3	9目	増減なし
2	9目	+3目
1	わの作り目にこま編み6目編み入れる	

〈前足〉2枚

裏側を表にする

段数	目数	増減数
8・9	8目	増減なし
7	8目	+2目
2〜6	6目	増減なし
1	わの作り目にこま編み6目編み入れる	

〈後ろ足〉2枚

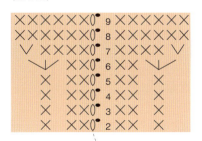

裏側を表にする

段数	目数	増減数
8・9	12目	増減なし
7	12目	+2目
6	10目	+4目
2〜5	6目	増減なし
1	わの作り目にこま編み6目編み入れる	

∨ = =こま編み3目編み入れる

P.56へ続く→

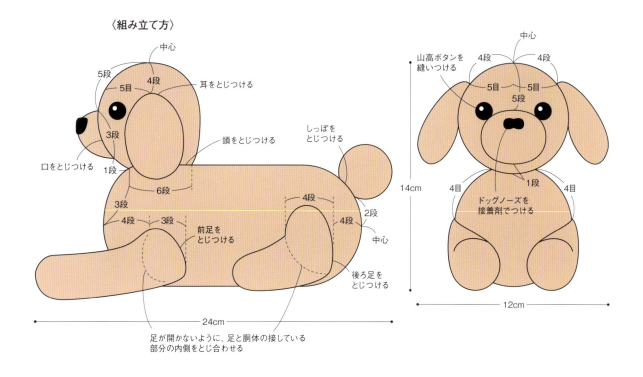

03 トイプードルおすわりポーズ [P.8]

[糸] 毛糸ピエロ ラビッツ デューク(08) 80g
[針] かぎ針9/0号
[その他] 山高ボタン(黒・13.5mm) 2個、
　　　　ドッグノーズ(黒・15mm) 1個、
　　　　手芸用綿 35g、
　　　　縫い糸、手芸用接着剤
[仕上がりサイズ] 図参照

[作り方]
糸は2本どりで編みます。
1. 各パーツを編む。編み図のとおりに編み、編んだ裏面を表面にする。
　　＊頭・耳・口・後ろ足・しっぽの編み図は、伏せポーズP.54、55参照
2. 各パーツに綿を詰め、〈組み立て方〉(P.57)のように組み立てる。
3. 顔を作る。目(山高ボタン)は縫い糸で縫いつけ、ドッグノーズは接着剤でつける。

〈胴体〉

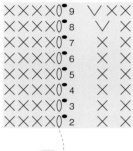

〈前足〉2枚

∨ = =こま編み2目編み入れる
∧ = =こま編み2目一度

裏側を表にする

段数	目数	増減数
13	12目	増減なし
12	12目	−4目
11	16目	増減なし
10	16目	−2目
8・9	18目	増減なし
7	18目	−2目
5・6	20目	増減なし
4	20目	+2目
3	18目	+6目
2	12目	
1	わの作り目にこま編み6目編み入れる	

裏側を表にする

段数	目数	増減数
9	8目	+1目
8	7目	+1目
2〜7	6目	増減なし
1	わの作り目にこま編み6目編み入れる	

下から見た図

〈組み立て方〉

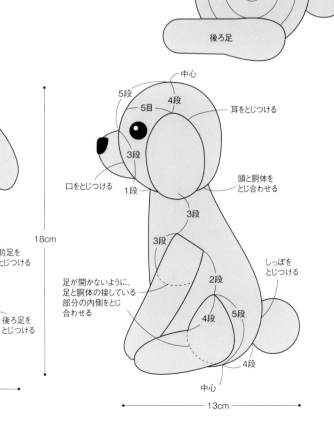

04 ボタンアニマル
Aパンダ Bシロクマ Cネコ [P.10]

[糸] パピー ニュー 4PLY
　　A(パンダ)：白(402)12g、黒(424)8g
　　B(シロクマ)：白(402)18g
　　C(ネコ)：青(456)18g、グレー(445)1g
[針] かぎ針4/0号、とじ針
[その他] A：4mmボタン(4つ穴)アイボリー2個・グレー2個、刺しゅう糸(グレー、黒)少々、フェルト(黒)少々、厚紙
　　　　B：4mmボタン(4つ穴)ピンク2個・薄緑2個、刺しゅう糸(ピンク)少々、厚紙
　　　　C：4mmボタン(2つ穴)アイボリー2個・グレー2個、刺しゅう糸(マスタード)少々
　　　共通：手芸用綿 各4g、手芸用接着剤、ピンセット
[仕上がりサイズ] 図参照

[作り方]
1. 各パーツを編む。A・B(顔、口周り、胴体、手)、C(顔、頬、耳、胴体、手)をそれぞれ指定の糸で編み図のとおりに編む。頭部以外は編み終わりの糸を約30cm残してカットする。
2. 顔、胴体に綿を詰める。手には詰めず、編み終わりを巻きかがる。
3. 残しておいた糸で、頭と胴体を巻きかがりで合わせる。残り1/3くらいになったらピンセットで首元にも綿を詰め、残りを巻きかがる。
4. 顔を作る(P.60組み立て方参照)。
　耳：A・Bは、ポンポンで耳を作り指定の位置に接着剤で固定する。Cは、指定の位置に縫いつける。
　鼻、口：それぞれ指定の刺しゅう糸で刺しゅうする(鼻6本どり、口3本どり)
　頬：Cは、鼻を挟むように配置して縫う。残り1/3くらいになったら綿を少し詰めてから最後まで縫う。
　目：それぞれ指定の位置にボタンを刺しゅう糸(6本どり)で縫いつける。Aは、フェルトを挟む。
　髭：Cは、頬に髭を刺す。指に接着剤を少量つけて髭全体になじませる。
5. 胴体に手をつける。刺しゅう糸(6本どり)でボタンをつけ、胴体に縫いつける。

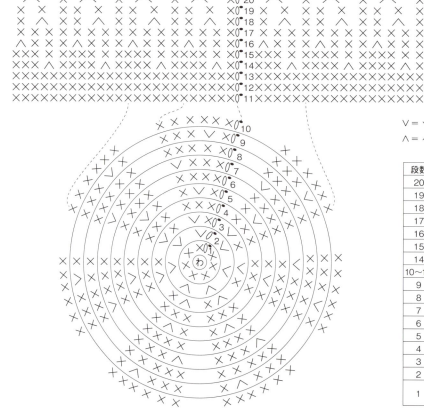

〈共通：顔〉A:白　B:白　C:青

V = =こま編み2目編み入れる
∧ = =こま編み2目一度

段数	目数	増減数
20	14目	−7目
19	21目	増減なし
18	21目	−7目
17	28目	増減なし
16	28目	−7目
15	35目	増減なし
14	35目	−7目
10〜13	42目	増減なし
9	42目	+7目
8	35目	増減なし
7	35目	+7目
6	28目	増減なし
5	28目	+7目
4	21目	増減なし
3	21目	+7目
2	14目	
1	わの作り目にこま編み7目編み入れる	

〈共通：足と胴体〉A：白・黒　B：白　C：青

編み終わり　チェーンつなぎ

■ =A：黒
□ =A：白

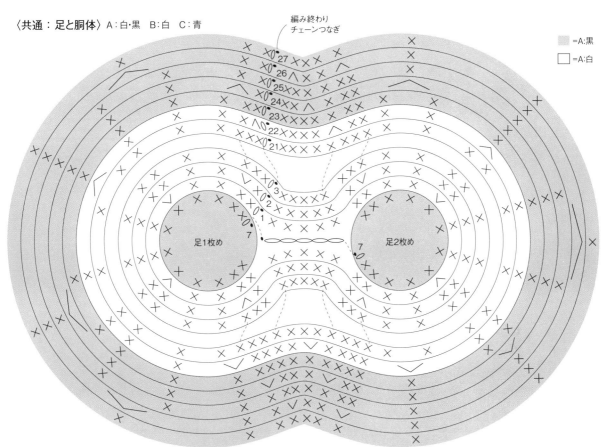

段数	目数	増減数
27	21目	増減なし
26	21目	−7目
25	28目	増減なし
24	28目	−7目
23	35目	増減なし
22	35目	−7目
3〜21	42目	増減なし
2	42目	+4目
1	足とくさり編みから こま編み38目拾う	

〈共通：足〉各2枚
A：黒　B：白　C：青

編み終わり　チェーンつなぎ
2枚めは続けて鎖5目を編み
胴体を編む

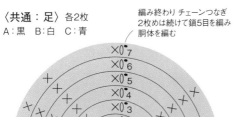

段数	目数	増減数
5〜7	12目	増減なし
4	12目	+3目
3	9目	増減なし
2	9目	+3目
1	わの作り目にこま編み 6目編み入れる	

〈共通：手〉各2枚
A：黒　B：白　C：青

編み終わり
チェーンつなぎ

段数	目数	増減数
3〜16	9目	増減なし
2	9目	+3目
1	わの作り目にこま編み 6目編み入れる	

P.60へ続く→

〈C：ねこ耳〉2枚 青

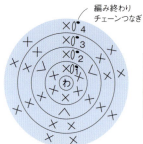

段数	目数	増減数
3・4	9目	増減なし
2	9目	+3目
1	わの作り目にこま編み6目編み入れる	

〈C：ねこ頬〉2枚 グレー

裏側を表に使う

段数	目数	増減数
2	12目	+6目
1	わの作り目にこま編み6目編み入れる	

耳の作り方(2個)
A：黒 B：白

厚紙に糸を40回巻く

厚紙からはずし中央を共糸で結び輪をカットする

A:1.5cm
B:1.8cm
切り揃える

〈共通：口周り〉 A：白 B：白

段数	目数	増減数
4	18目	増減なし
3	18目	+6目
2	12目	
1	わの作り目にこま編み6目編み入れる	

∨ = =こま編み2目編み入れる

Aの目の周り(2枚)
フェルト黒

1cm
1.5cm

口周りの刺しゅう
A：刺しゅう糸(黒) B：刺しゅう糸(ピンク)

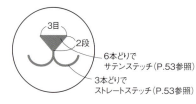
3目
2段
6本どりでサテンステッチ(P.53参照)
3本どりでストレートステッチ(P.53参照)

Cの刺しゅう
刺しゅう糸(マスタード)

3目
6本どりでサテンステッチ
2段
1段
2段
3本どりでストレートステッチ

〈組み立て方〉

着せ替えアイテム
05 帽子 [P.11]

[糸] パピー ニュー4PLY
A：青(456)2g　B：赤(459)1g、グレー(445)2g
C：グレー(445)1g、白(402)3g
[針] A・B かぎ針4/0号、C 6/0号、とじ針
[仕上がりサイズ] 図参照

[作り方]
1. わの作り目をし、それぞれ指定の糸で編み図のとおりに編む。B、Cは糸1本どりで、Cは3本どり（白2本、グレー1本）で編む。
2. Aは、ブリムを折り返す。Bは、ポンポンを作り、編みはじめに縫いつける。Cは、裏返してかぶる。

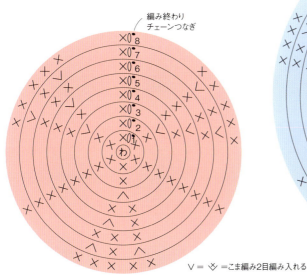

〈B・C：帽子〉
B：赤　かぎ針4/0号
C：グレー1本・白2本の3本どり　かぎ針6/0号

〈A：帽子〉青　かぎ針4/0号

V = ᙡ =こま編み2目編み入れる

段数	目数	増減数
8	18目	増減なし
7	18目	+6目
6	12目	増減なし
5	12目	+3目
4	9目	増減なし
3	9目	+3目
2	6目	増減なし
1	わの作り目にこま編み6目編み入れる	

Bポンポンの作り方
グレー

厚紙に糸を40回巻く

厚紙からはずし中央を共糸で結び輪をカットする

2.5cm
切り揃える

段数	目数	増減数
12	30目	増減なし
11	30目	+6目
10	24目	増減なし
9	24目	+6目
8	18目	増減なし
7	18目	+6目
6	12目	増減なし
5	12目	+3目
4	9目	増減なし
3	9目	+3目
2	6目	増減なし
1	わの作り目にこま編み6目編み入れる	

〈仕上がりサイズ〉

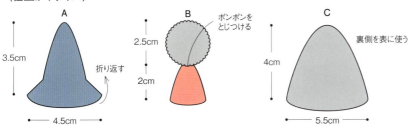

着せ替えアイテム
06 ポシェット [P.11]

[糸] パピー ニュー 4PLY　A:青(456)1g、グレー(445)1g
　　B:赤(459)1g、グレー(445)1g　C:白(402)1g、グレー(445)1g
[針] かぎ針4/0号、とじ針
[仕上がりサイズ] 図参照

[作り方]
1. わの作り目をし、それぞれ指定の糸で編み図のとおりに2枚ずつ編む。
2. 1を2枚重ねて各色1本の引き揃えで糸をつける。くさり編み40目をし、開き口(6目)をあけて引き抜く。そのまま開き口以外を巻きかがる。

〈ポシェット〉各2枚
A:青　B:赤　C:白

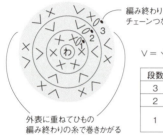

V = =こま編み2目編み入れる

段数	目数	増減数
3	18目	+6目
2	12目	
1	わの作り目にこま編み6目編み入れる	

〈ひも〉
A:青・グレー各1本の引き揃え
B:赤・グレー各1本の引き揃え
C:グレー・白各1本の引き揃え

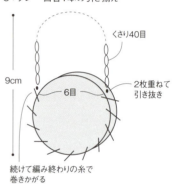

着せ替えアイテム
07 マフラー [P.11]

[糸] パピー ニュー 4PLY　A:青(456)3g、グレー(445)2g
　　B:赤(459)3g、グレー(445)2g　C:白(402)3g、グレー(445)2g
[針] かぎ針4/0号、とじ針
[仕上がりサイズ] 図参照

[作り方]
1. わの作り目をし、それぞれ糸を変えながら編み図のとおりに編む。
2. 残った4目をとじ針でしぼる。

段数	目数	増減数
62	4目	-4目
3～61	8目	増減なし
2	8目	+2目
1	わの作り目にこま編み6目編み入れる	

〈マフラー〉
A:青・グレー　B:赤・グレー　C:白・グレー

=A:青　B:赤　C:白
=グレー

08 インコ Aコザクラ Bセキセイ Cオカメ [P.14]

[糸] A(コザクラ)：ハマナカ ウオッシュコットン 緑(30)15g、
　　　赤(36)5g、ピンク(8)3g
　　　B(セキセイ)：ハマナカ ウオッシュコットン 白(1)5g、
　　　水色(26)15g、黄(27)3g
　　　C(オカメ)：ハマナカ ウオッシュコットン グレー(20)15g、
　　　黄(27)5g、赤(36)3g、ピンク(8)3g
[針] かぎ針4/0号、とじ針
[その他] ソリッドアイ5mm 各2個、手芸用綿 各5g
[仕上がりサイズ] 図参照

[作り方]
1. 本体を編む。それぞれ指定の糸で、わの作り目から編み図のとおりに増し目をしながら27段目まで編む。
2. 尾羽を編む。それぞれ指定の糸で、本体尾羽編み付け位置に指定の段数を編みつける。
3. 各パーツを編む。それぞれ指定の糸で、羽、必要な鼻、ほっぺを編む。
4. 仕上げる。〈組み立て方〉(P.64)を参照し、各パーツを本体にとじ針で縫いつける。

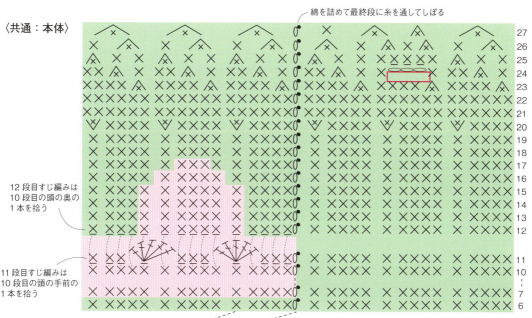

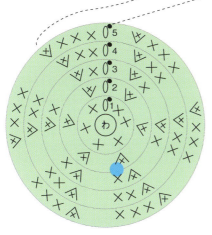

● C：フリンジ取り付け位置　　□ 尾羽編み付け位置

段数	目数	増減数	配色A	配色B	配色C
27	7	−6目	緑	水色	グレー
26	13	−7目			
25	20	−5目			
24	25				
23	30	−6目			
21、22	36	増減なし			
20	36	+6目			
18、19	30	増減なし			
12〜17	30			図参照	
11	34	図参照	緑 赤		黄
7〜10	30	増減なし			
6	30		緑	白	
5	30	+6目			
4	24				
3	18				
2	12				
1	わの作り目にこま編み6目編み入れる				

P.64へ続く→

〈共通：羽〉2枚

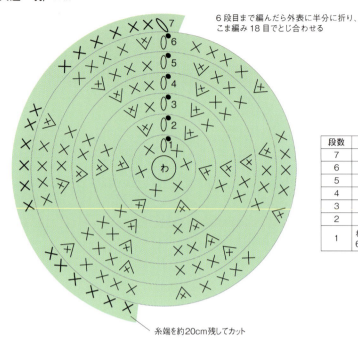

6段目まで編んだら外表に半分に折り、こま編み18目でとじ合わせる

糸端を約20cm残してカット

段数	目数	増減数	配色A	配色B	配色C
7	18	図参照	緑	水色	グレー
6	36	+6目			
5	30				
4	24				
3	18				
2	12				
1	わの作り目にこま編み6目編み入れる				

〈組み立て方〉

目のつけ方とクチバシの刺しゅうはP.47、48参照

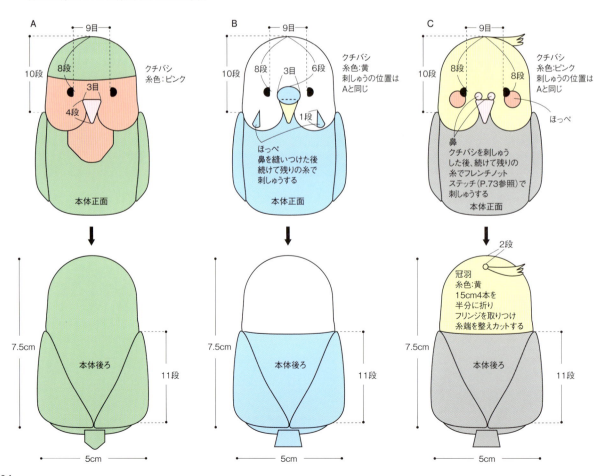

〈A：尾羽〉
3段目まで編んだら編み地をつぶし
点線の先同士の目をこま編み3目1度で
とじ合わせる

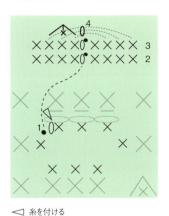

◁ 糸を付ける

〈BC：尾羽〉
6段目まで編んだら編み地をつぶし
点線の先同士の目をこま編み3目で
とじ合わせる

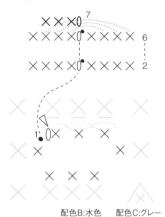

配色B：水色　配色C：グレー

〈B：鼻〉

配色：水色

糸端を約20cm残してカットし、
鼻を縫いつけた残りで
ほっぺの刺しゅうをする

〈C：ほっぺ〉2枚

糸端を約15cm
残してカット

配色：赤

---

09 ロールケーキ Aいちご Bチョコ [P.17]

[糸] A(いちご)：毛糸ピエロ ラビッツ ロージィ(07)10g、コレット(03)8g
　　毛糸ピエロ ムー オレンジ(04)2g、毛糸ピエロ ニーム オフホワイト(01)6g
　　毛糸ピエロ コットンニィート(S) カーマイン(26)3g、シュリンプピンク(28)1g、
　　アイボリー(02)2g、シトロングリーン(17)2g、ライムグリーン(19)1g
　　B(チョコ)：毛糸ピエロ ラビッツ バーバラ(05)10g、コレット(03)8g
　　毛糸ピエロ ムー オレンジ(04)2g 毛糸ピエロ ニーム シナモン(03)6g
　　毛糸ピエロ コットンニィート(S) カーマイン(26)3g、シュリンプピンク(28)1g、
　　アイボリー(02)2g、シトロングリーン(17)2g、ライムグリーン(19)1g
[針] かぎ針5/0号、7/0号、10/0号、とじ針
[その他] 手芸用綿 各4g、厚紙(12.5cm×6cm)各1枚、
　　　　リボン(5mm幅×30cm)各1本、刺しゅう糸(黒・40cm)各1本
[仕上がりサイズ] 図参照

[作り方]
1. 中央クリームを編む。指定の糸2本どり、かぎ針7/0号でわの作り目から編み図のとおりに2枚編む。これを中表に合わせ、残した糸で巻きかがる。途中でサイズどおりにカットした厚紙と綿を詰める(図A参照)。
2. 生地A、Bを編む。指定の糸2本どり、かぎ針10/0号でくさり3目の作り目から編み図のとおりに編む。
3. 底を編む。指定の糸1本どり、かぎ針7/0号でくさり6目の作り目から編み図のとおりに編む。
4. キウイを編む。指定の糸1本どりで糸を変えながらかぎ針5/0号で編み図のとおりに編み、黒の刺しゅう糸(6本どり)で指定の位置に種を刺しゅうする。半分に折り、残した糸で外側の半目同士を巻きかがる(図B参照)。
5. 割れいちごを編む。指定の糸でくさり4目の作り目から編み図のとおりに最終段まで編む。綿を詰めながらしぼり止めする。
6. ホイップクリームを編む。指定の糸1本どり、かぎ針5/0号でわの作り目から編み図のとおりに編む。
7. 仕上げる。中央クリームに生地B、Aの順に重ね、それぞれ残した糸でとめつけ、底も残した糸でとめつける。ホイップクリームの上に割れいちごとキウイ、蝶結びにしたリボンを縫いつけ、ケーキ上部にとじつける(P.67組み立て方参照)。

〈厚紙〉

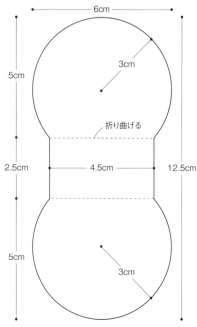

P.66へ続く→

〈中央クリーム〉各2枚 かぎ針7/0号
ニームA：オフホワイト2本どり、B：シナモン2本どり

片方のみ糸端を約60cm残してカットし、
中表に重ねて厚紙と綿を
詰めながら巻きかがる

〈図A〉

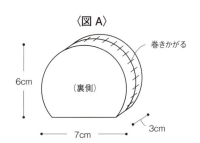

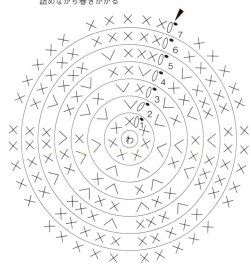

段数	目数	増減数
6・7	35目	増減なし
5	35目	+7目
4	28目	
3	21目	
2	14目	
1	わの作り目にこま編み7目編み入れる	

〈キウイ〉各1枚 かぎ針5/0号

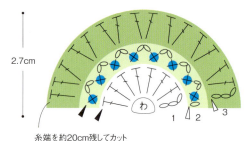

糸端を約20cm残してカット

● = 刺しゅう糸（黒）6本どりで
フレンチノットステッチ（2回巻き）
（P.73参照）

〈図B〉

二つ折りにし
巻きかがる

段数	目数	増減数	配色
3	16目	図参照	シトロングリーン
2	7模様		ライムグリーン
1	わの作り目に長編み8目編み入れる		アイボリー

〈生地A〉各1枚 かぎ針10/0号
A：ロージィ、B：バーバラそれぞれ2本どり

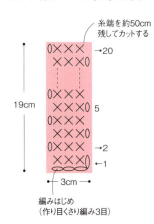

糸端を約50cm
残してカットする

編みはじめ
（作り目くさり編み3目）

〈生地B〉各1枚 かぎ針10/0号
コレット2本どり

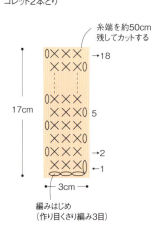

糸端を約50cm
残してカットする

編みはじめ
（作り目くさり編み3目）

〈底〉各1枚 かぎ針7/0号
オレンジ

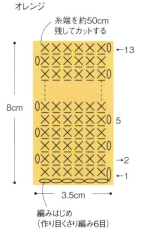

糸端を約50cm
残してカットする

編みはじめ
（作り目くさり編み6目）

〈割れいちご〉各1枚 かぎ針5/0号

〈ホイップクリーム〉各1枚 かぎ針5/0号
ニームA:オフホワイト、B:シナモン

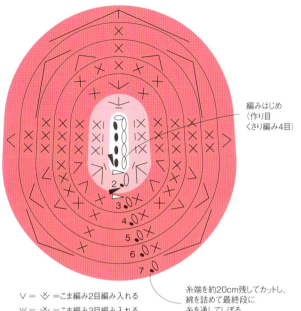

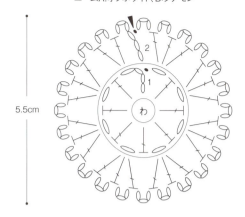

5.5cm

V = ✕✕ =こま編み2目編み入れる
V = ✕✕✕ =こま編み3目編み入れる
∧ = ✕✕ =こま編み2目一度
∧ = ✕✕✕ =こま編み3目一度
◁ 糸を付ける　◀ 糸を切る

糸端を約20cm残してカットし、綿を詰めて最終段に糸を通してしぼる

〈組み立て方〉

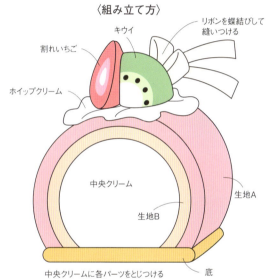

3.5cm

段数	目数	増減数	配色
7	5目	−6目	カーマイン
6	11目	−4目	カーマイン
5	15目	−6目	カーマイン
4	21目	増減なし	カーマイン
3	21目	+6目	カーマイン
2	15目	+11目	シュリンプピンク
1	くさりの作り目の裏山に引き抜き編み4目入れる		アイボリー

10 ベリーなタルト [P.18]

[糸] ハマナカ アメリー ラベンダー(43)5g、濃紫(44)2g、
　　赤紫(26)2g、紫(18)5g、オレンジ(4)7g、緑(13)1g
　　ハマナカ わんぱくデニス レモン(3)5g
　　ハマナカ モヘア ホワイト(1)4g

[針] かぎ針5/0号、とじ針
[その他] 手芸用綿 5g
[仕上がりサイズ] 図参照

[作り方]
1. タルトカップ、生クリームを編む。それぞれ指定の糸でくさり5目の作り目から編み図のとおりに編む。
2. スポンジ生地を編む。指定の糸でくさり5目の作り目から編み図のとおりに編む。同じものを2枚編み、外表に合わせて綿を詰めながら外側半目同士を巻きかがる。
3. ミントを編む。指定の糸で編み図のとおりに編み、糸端を約20cm残してカットする。
4. ぶどうとラズベリーを編む。ぶどう大・中・小、ラズベリーは、それぞれ指定の糸で編み図のとおりに編み、綿を詰めてしぼり止める。このとき、糸は切らずに残しておく。それぞれ2個ずつ作る。
5. ブルーベリーを編む。指定の糸で編み図のとおりに編み、しぼり止める。これを3個作る。
6. スポンジ生地に生クリームを重ね、図のようにぶどう、ラズベリー、ブルーベリー、ミントを配置し、残した糸を差し込んでスポンジ生地の裏で結んで固定する(P.69組み立て方参照)。

P.68へ続く→

〈タルトカップ〉オレンジ

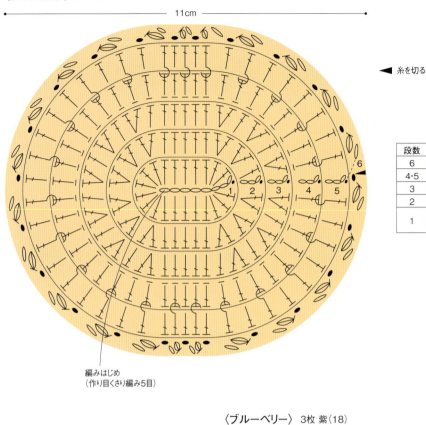

◀ 糸を切る

段数	目数	増減数
6	23模様	図参照
4・5	46目	増減なし
3	46目	+12目
2	34目	
1	くさりの作り目に長編み22目編み入れる	

編みはじめ
（作り目くさり編み5目）

〈ブルーベリー〉3枚 紫(18)

糸端を約20cm残してカットし、最終段に糸を通してしぼる

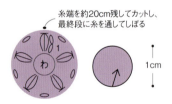

1cm

〈ミント〉2枚 緑

編みはじめ
（作り目くさり編み2目）

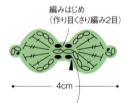

4cm

糸端を約20cm残してカット

〈スポンジ生地〉2枚 レモン

片方のみ糸端を約50cm残してカットし、外表に重ねてわたを詰めながら巻きかがる

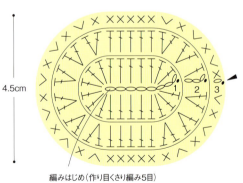

4.5cm

編みはじめ（作り目くさり編み5目）

6.5cm

∨ = ⋎ =こま編み2目編み入れる

段数	目数	増減数
3	46目	+12目
2	34目	
1	くさりの作り目に長編み22目編み入れる	

〈生クリーム〉
ホワイト

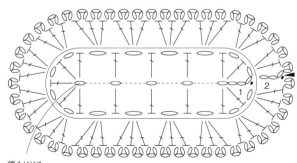

5.5cm

編みはじめ
（作り目くさり編み5目）

8cm

68

〈ぶどう・大〉 2枚 ラベンダー(43)

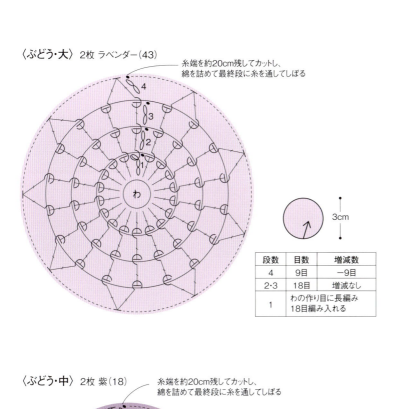

糸端を約20cm残してカットし、綿を詰めて最終段に糸を通してしぼる

3cm

段数	目数	増減数
4	9目	−9目
2・3	18目	増減なし
1	わの作り目に長編み18目編み入れる	

〈ぶどう・小〉 2枚 濃紫(44)

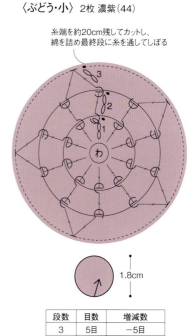

糸端を約20cm残してカットし、綿を詰め最終段に糸を通してしぼる

1.8cm

段数	目数	増減数
3	5目	−5目
2	10目	増減なし
1	わの作り目に長編み10目編み入れる	

〈ぶどう・中〉 2枚 紫(18)

糸端を約20cm残してカットし、綿を詰めて最終段に糸を通してしぼる

2.5cm

段数	目数	増減数
3	8目	−8目
2	16目	増減なし
1	わの作り目に長編み16目編み入れる	

〈ラズベリー〉 2枚 赤紫(26)

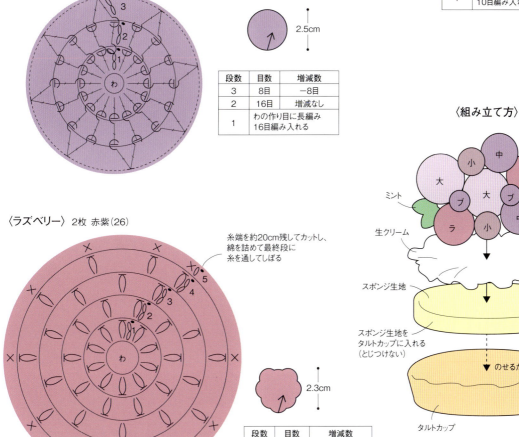

糸端を約20cm残してカットし、綿を詰めて最終段に糸を通してしぼる

2.3cm

段数	目数	増減数
2〜5	10目	増減なし
1	わの作り目に中長編み2目の玉編み10目編み入れる	

() =前段の中長編み2目の玉編みの足と足の間を拾う

〈組み立て方〉

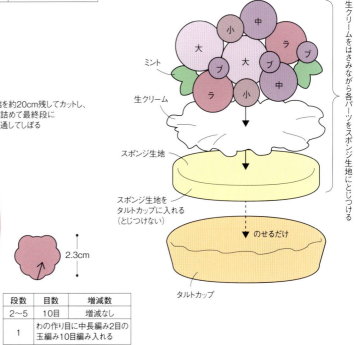

生クリームをはさみながら各パーツをスポンジ生地にとじつける

ミント / 生クリーム / スポンジ生地 / スポンジ生地をタルトカップに入れる（とじつけない） / のせるだけ / タルトカップ

11 おままごとパフェ [P.19]

[糸] ハマナカ アメリー 赤(5)5g、ピンク(7)3g、
　　 生成り(20)4g、黄(25)2g、緑(33)4g、
　　 黄緑(1)1g、セージグリーン(54)3g
　　 ハマナカ わんぱくデニス レモン(3)7g
　　 ハマナカ モヘア ホワイト(1)5g

[針] かぎ針5/0号、とじ針、刺しゅう針

[その他] 手芸用綿4g、刺しゅう糸(黒)約120cm、
　　　　 デザートカップ(上径7.6cm×高さ6.3cm)1個

[仕上がりサイズ] 図参照

[作り方]

1. スポンジ生地上下を編む。指定の糸でわの作り目から編み図のとおりに編む。〈図A〉のように綿を詰めながら残した糸で上下を巻きかがる。
2. 生クリームA、Bを編む。指定の糸でわの作り目から編み図のとおりに編む。
3. レモンを編む。指定の糸でわの作り目から編み図のとおりに編む。半分に折り、残した糸で外側の半目同士を巻きかがる。
4. キウイを編む。指定の糸でわの作り目から編み図のとおりに編む。黒の刺しゅう糸(6本どり)で指定の位置に種を刺しゅうする。半分に折り、残した糸で外側の半目同士を巻きかがる。これを2個作る。
5. 割れいちごを編む。指定の糸でくさり4目の作り目から編み図のとおりに最終段まで編む。綿を詰めながらしぼり止めする。
6. スライスいちごを編む。指定の糸でくさり4目の作り目から編み図のとおりに編む。これを2枚編み、外表に合わせて残した糸で外側の半目同士を巻きかがる。全部で4個作る。
7. マスカットを編む。指定の糸で編み図のとおりに編み、綿を詰めてしぼり止めする。
8. 仕上げる。すべてのパーツそれぞれの糸始末をする。〈組み立て方〉(P.72)のようにデザートカップに詰め込む。

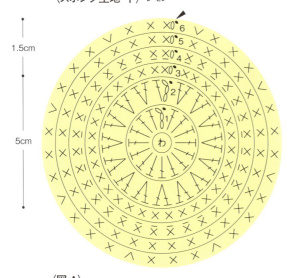

〈スポンジ生地・下〉レモン

段数	目数	増減数
6	40目	+8目
3〜5	32目	増減なし
2	32目	+16目
1	わの作り目に長編み16目編み入れる	

∨ = ⩗ =こま編み2目編み入れる

◀ 糸を切る

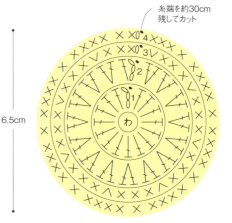

〈スポンジ生地・上〉レモン

糸端を約30cm残してカット

段数	目数	増減数
4	40目	増減なし
3	40目	+8目
2	32目	+16目
1	わの作り目に長編み16目編み入れる	

〈図A〉

綿を詰めながら上と下をとじ合わせる

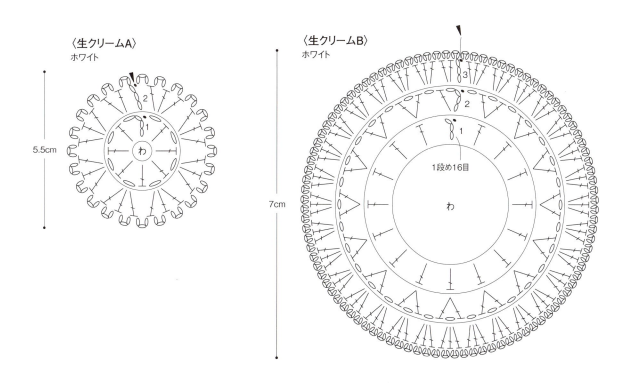

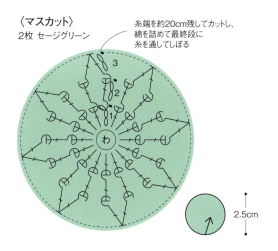

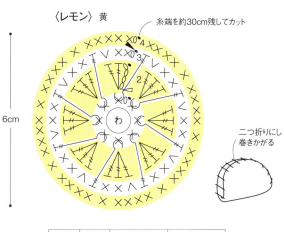

段数	目数	増減数
3	8目	−8目
2	16目	増減なし
1	わの作り目に長編み16目編み入れる	

段数	目数	増減数	配色
4	40目	増減なし	黄
3	40目	＋16目	生成り
2	24目	＋16目	黄
1	わの作り目にこま編み8目編み入れる		生成り

∨ = =こま編み2目編み入れる

◀ 糸を切る

P.72へ続く→ 71

〈キウイ〉 2枚

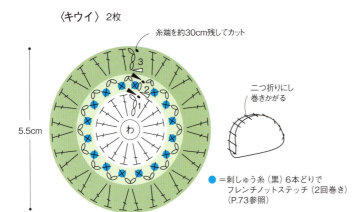

〈スライスいちご〉 8枚・4個分

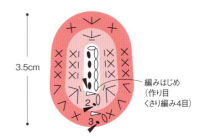

段数	目数	増減数	配色
3	32目	図参照	緑
2	16模様		黄緑
1	わの作り目に長編み16目編み入れる		生成り

段数	目数	増減数	配色
3	21目	+6目	赤
2	15目	+11目	ピンク
1	くさりの作り目の裏山に引き抜き編み4目編み入れる		生成り

V = =こま編み2目編み入れる
V = =こま編み3目編み入れる
◁ 糸を付ける   ◀ 糸を切る

〈割れいちご〉

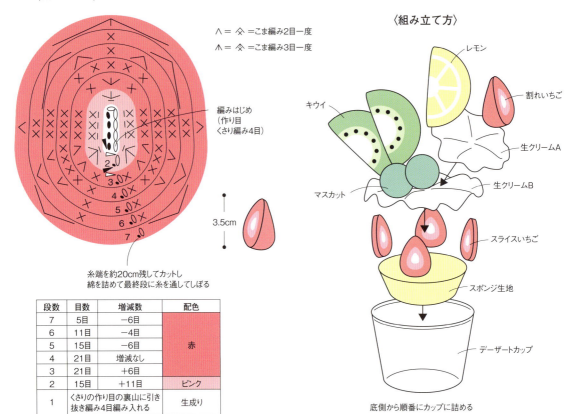

∧ = =こま編み2目一度
∧ = =こま編み3目一度

〈組み立て方〉

段数	目数	増減数	配色
7	5目	−6目	赤
6	11目	−4目	
5	15目	−6目	
4	21目	増減なし	
3	21目	+6目	
2	15目	+11目	ピンク
1	くさりの作り目の裏山に引き抜き編み4目編み入れる		生成り

底側から順番にカップに詰める

72

12 ドーナツのアクリルたわし
Aチョコナッツ Bカラフルチョコ [P.20]

[糸] A(チョコナッツ):ハマナカ ラブボニー 黄土色(127)10g、
　　ベージュ(103)8g、こげ茶(119)少々
　　B(カラフルチョコ):ハマナカ ラブボニー ベージュ(103)8g、
　　こげ茶(119)8g　ハマナカ ピッコロ イエロー(8)、
　　ライトグリーン(56)、オレンジ(58)、ピンク(22)、ブルー(43)各60cm

[針] かぎ針6/0号 とじ針
[仕上がりサイズ] 図参照

[作り方]
1. 生地下を編む。それぞれ指定の糸でくさり8目を輪にし、最終段まで編み図のとおりに編む。
2. 生地上(チョコ)を編む。それぞれ指定の糸で1の生地下の編み始めのくさり8目から目を拾い、最終段まで編み図のとおりに編む。糸端を約60cm残して糸をカットする。
3. 生地上に刺しゅうをする。それぞれ指定の糸1本どりで、Aはフレンチノットステッチで指定の位置に刺しゅうをする。Bは約5mm幅のストレートステッチで糸がなくなるまでランダムに刺しゅうする。
4. 2で残した糸をとじ針に通し、生地下と生地上を全目巻きかがりでとじ合わせる(図A(P.74)参照)。

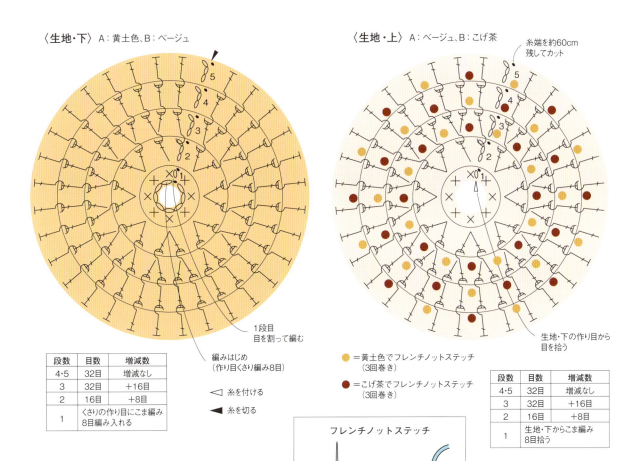

P.74へ続く→

13 プリンの小物入れ [P.22]

[糸] ハマナカ わんぱくデニス レモン(3)17g、こげ茶(13)7g
　　ハマナカ アメリー 赤(5)2g ハマナカ ウオッシュコットン《クロッシェ》
　　ホワイト(101)7g ハマナカ モヘア ホワイト(1)3g
[針] かぎ針3/0号 5/0号、とじ針
[その他] 手芸用綿少々
[仕上がりサイズ] 図参照

[作り方]
1. プリン(容器)を編む。指定の糸で、わの作り目から編み図のとおりに編む。
2. カラメル(フタ)を編む。指定の糸で、わの作り目から編み図のとおりに編む。上フタは6段目まで、下フタは2段目まで編み、上フタは糸端を約50cm残して糸をカットする。
3. 生クリームを編む。指定の糸で、わの作り目から編み図のとおりに編む。
4. さくらんぼを編む。かぎ針5/0号で指定の糸で編む。指定の糸で編み図のとおりに編み、綿を詰めてしぼり止めする。軸はかぎ針3/0号で指定の糸で、編み始めを約20cm残してスレッドコード編みで20目編む。先端を結び、さくらんぼの中心(編み始め側)に差し込む。
5. レースA・Bを編む。それぞれ指定の糸、かぎ針3/0号で、編み図のとおりに編み、糸端を残して糸をカットする。
6. 各パーツを仕上げる。カラメルの上フタに生クリームとさくらんぼを重ねてとじつける。上フタで残していた糸で上フタと下フタを巻きかがる。レースAはプリンの底に、レースBはプリンの側面の中央に残した糸でとじつける(P.76組み立て方参照)。

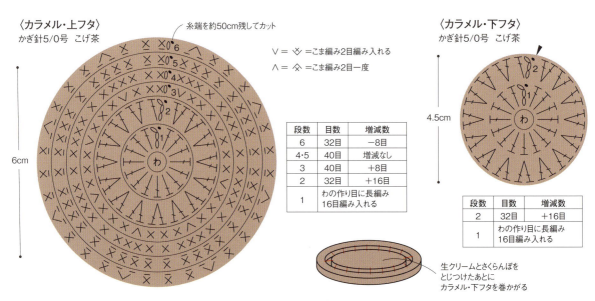

〈プリン・容器〉かぎ針5/0号 レモン

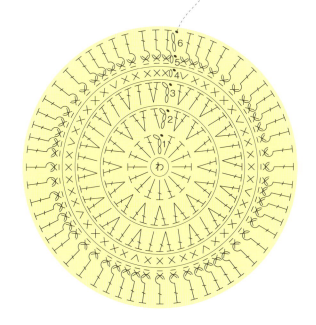

段数	目数	増減数
11〜13	40目	増減なし
10	40目	−8目
8・9	48目	増減なし
7	48目	−8目
5・6	56目	増減なし
4	56目	+8目
3	48目	+16目
2	32目	
1	わの作り目に長編み16目編み入れる	

〈さくらんぼ〉かぎ針5/0号 赤

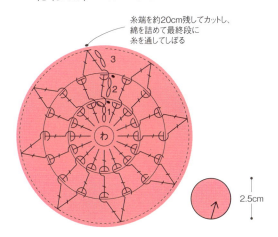

糸端を約20cm残してカットし、綿を詰めて最終段に糸を通してしぼる

〈生クリーム〉かぎ針5/0号 モヘア ホワイト

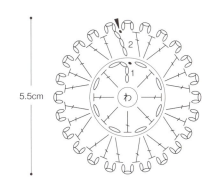

段数	目数	増減数
3	8目	−8目
2	16目	増減なし
1	わの作り目に長編み16目編み入れる	

P.76へ続く→

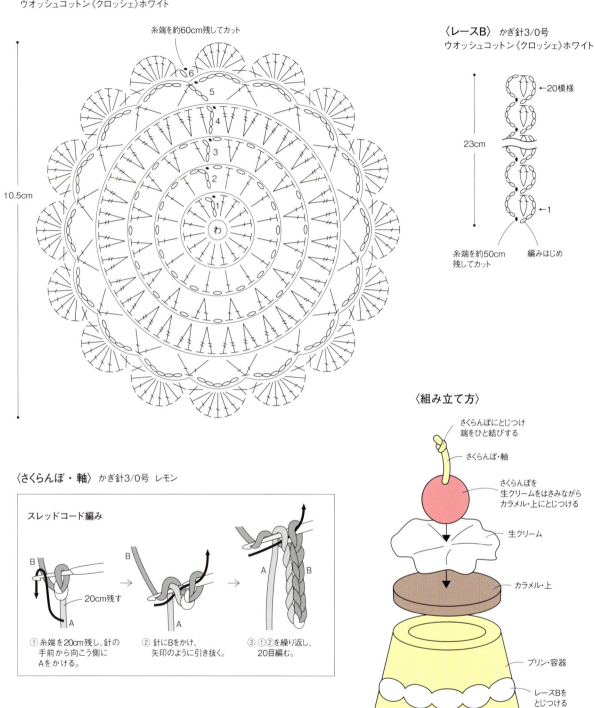

14 アニマル小物入れ Aブタ Bウサギ [P.24]

[糸] ハマナカ アメリー
　　A（ブタ）：薄紫(42)4g、白(51)10g、水色(29)7g、セージグリーン(54)12g
　　B（ウサギ）：グレー(22)6g、緑(13)18g、濃ピンク(32)2g、
　　　黄(25)1g、コーラルピンク(27)12g

[針] かぎ5/0号、とじ針

[その他] フェルト（ピンク）少々、刺しゅう糸（茶）少々、
　　　　手芸用綿少々、手芸用接着剤

[仕上がりサイズ] 図参照

[作り方]
1. 顔を編む。それぞれ指定の糸で編み図のとおりに編み、途中で綿を詰めて最終段まで編んだらとじ針でとじる。
2. 耳を編む。それぞれ指定の糸で編み図のとおりに編む。
3. 胴体を編む。くさり編み15目の作り目を輪にし、編み図のとおりに編む。それぞれ指定の糸で、Aは途中糸を変えながら編み、Bは花を8個編み、指定の位置に接着剤で固定する。
4. 底を編む。それぞれ指定の糸2本どりで編み図のとおりに編む。
5. 仕上げる。それぞれ顔に耳を縫いつけ、刺しゅう糸で刺しゅうする。顔と胴体を巻きかがりで合わせる（P.78組み立て方参照）。

A　　B

〈底〉2本どり　A：セージグリーン　B：コーラルピンク

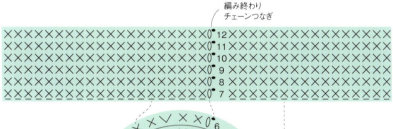
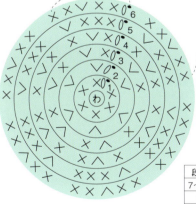

〈A耳〉2枚 薄紫

〈B耳〉2枚 グレー

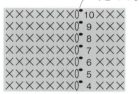

〈B花〉8枚 濃ピンク

黄で
フレンチノットステッチ（2回巻き）
（P.73参照）

段数	目数	増減数
7〜12	36目	増減なし
6	36目	+6目
5	30目	
4	24目	
3	18目	
2	12目	
1	わの作り目にこま編み6目編み入れる	

∨ = ⋎ ＝こま編み2目編み入れる

段数	目数	増減数
4〜10	10目	増減なし
3	10目	+5目
2	5目	増減なし
1	わの作り目にこま編み5目編み入れる	

P.78へ続く→

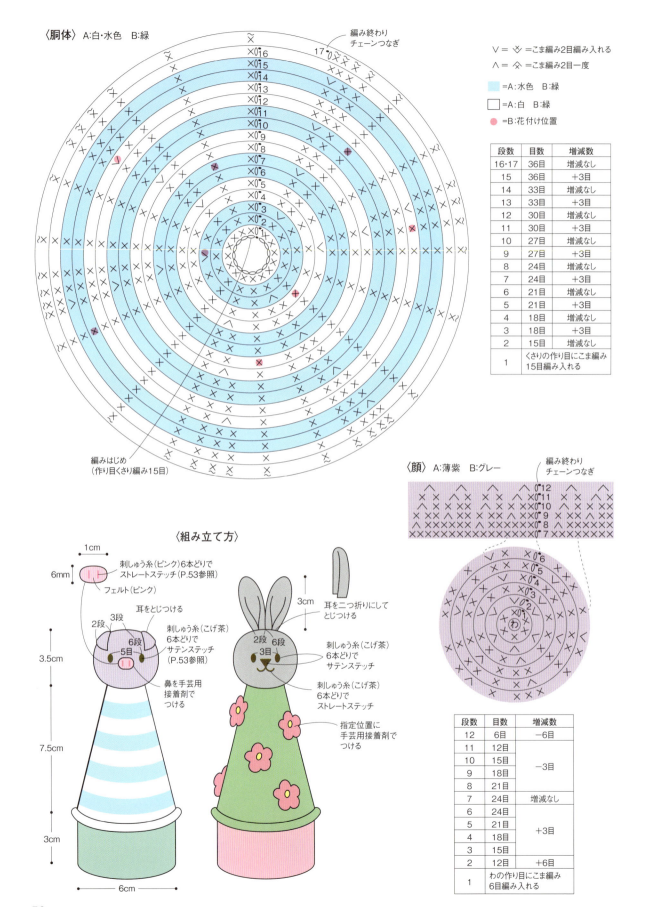

15 ワンコのがま口ポーチ
A柴犬 Bフレンチブルドッグ ［P.26］

［糸］A（柴犬）：ハマナカ itoa あみぐるみが編みたくなる糸〈並太〉茶（515）20g、生成（502）10g
　　　B（フレンチブルドッグ）：ハマナカ itoa あみぐるみが編みたくなる糸〈並太〉黒（518）22g、
　　　　白（501）3g、ピンク（504）3g
［針］かぎ針6/0号、とじ針
［その他］ハマナカ 編みつける口金〈くし形〉アンティーク（H207-022-4）各1個、
　　　　山高ボタン（黒・10mm）各2個、
　　　　ドッグノーズ（黒・15mm）各1個、手芸用綿 各4g
［ゲージ］こま編み18目20段=10cm
［仕上がりサイズ］図参照

［作り方］
1. 本体を編む。わの作り目にこま編み6目編み入れる。編み図のとおりに増し目しながら、27段目まで編む。
2. 口金に編みつける。本体28段目で指定の位置に編みつける。
3. 各パーツを編む。マズル、耳、耳の内側、目のまわりを編み図のとおりに編む。
4. 組み立てる。〈組み立て方〉（P.81）を参照し、マズルに綿を詰め、各パーツを本体にとじ針で縫いつける。

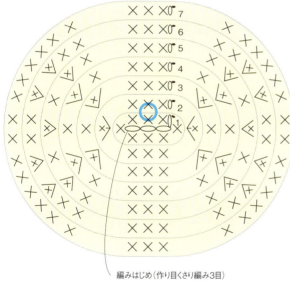

〈A：マズル〉

段数	目数	増減数	配色A
7	34	増減なし	生成
6	34	+8目	
5	26	+6目	
4	20	+4目	
3	16		
2	12		
1	くさりの作り目にこま編み8目編み入れる		

編みはじめ（作り目くさり編み3目）

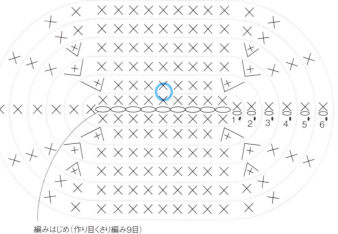

〈B：マズル、鼻筋〉

段数	目数	増減数	配色B
5・6	32	増減なし	白
4	32	+4目	
3	28		
2	24		
1	くさりの作り目にこま編み20目編み入れる		

◁ 糸を付ける
○ ドッグノーズ取り付け位置

編みはじめ（作り目くさり編み9目）

P.80へ続く→

〈共通：本体〉

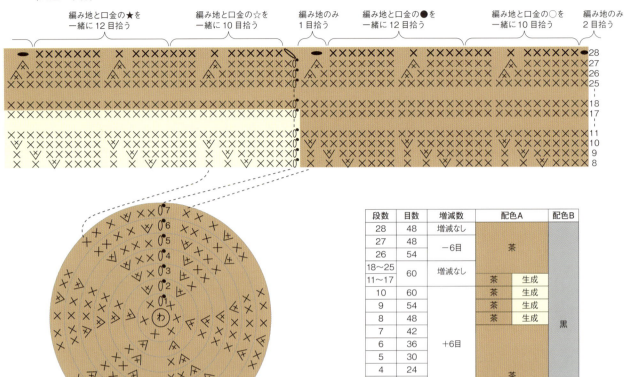

段数	目数	増減数	配色A	配色B
28	48	増減なし	茶	黒
27	48	−6目	茶	
26	54			
18〜25	60	増減なし		
11〜17	60		茶 / 生成	
10	60	+6目	茶 / 生成	
9	54		茶 / 生成	
8	48		茶 / 生成	
7	42		茶	
6	36			
5	30			
4	24			
3	18			
2	12			
1	わの作り目にこま編み6目編み入れる			

〈共通：耳内側〉 各2枚
A：生成　B：ピンク

編みはじめ
(作り目くさり編み6目)

〈共通：耳〉 各2枚

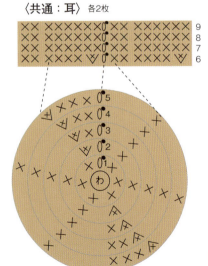

段数	目数	増減数	配色A	配色B
7〜9	16	増減なし	茶	黒
6	16	+2目		
5	14			
4	12			
3	10			
2	8			
1	わの作り目にこま編み6目編み入れる			

〈B：目のまわり〉 2枚 白

〈口金の拾い位置〉 〈口金の拾い方〉

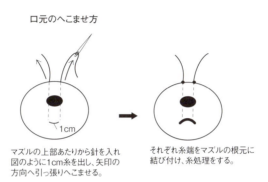

〈組み立て方〉

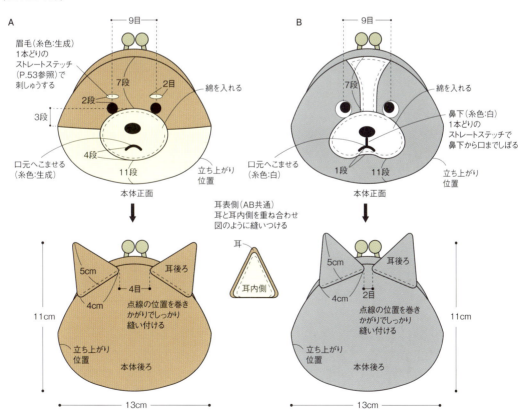

81

16 トイプードルの
バッグチャームとブローチ [P.29]

バッグチャーム

[糸] バッグチャーム：毛糸ピエロ ラビッツ フェリス(02)10g
　　　毛糸ピエロ 純毛中細 アプリコット(434)5g、ラズベリーピンク(433)8g
　　　ブローチ：毛糸ピエロ ラビッツ バーバラ(05)10g
[針] かぎ針4/0号、6/0号
[その他] バッグチャーム：カラビナ(ハート)1個
　　　　ブローチ：ブローチピン(30mm)1個
　　　　共通：ソリッドアイ(黒・8mm)各2個、ドッグノーズ(黒・10mm)各1個、
　　　　手芸用綿 各1g、手芸用接着剤、縫い糸
[仕上がりサイズ] 図参照

ブローチ

[作り方]
1. 各パーツを編む。ラビッツはかぎ針6/0号、純毛中細はかぎ針4/0号で編み図のとおりに編む。顔表は裏面が表側になるように綿を入れ、顔裏パーツと縫い合わせる。口、耳も裏面が表側になるようにとじ合わせる。
2. 顔を作る。ドッグノーズは指定の位置に、ソリッドアイはバランスを見て接着剤でつける。

〈チャーム〉
1. 指定の糸で編み図のとおりにハートを編む。
2. 指定の糸でコードを編む。
3. コードをハートの中に通し、縫い糸でハートとコードを縫いつける(組み立て方参照)。

〈ブローチ〉
1. 裏面にブローチピンを縫い糸で縫いつける。

〈共通：顔表〉

裏側を表にする

段数	目数	増減数
4	18目	増減なし
3	18目	+6目
2	12目	
1	わの作り目にこま編み6目編み入れる	

∨ = こま編み2目編み入れる
∧ = こま編み2目一度

= バッグチャーム：フェリス
　 ブローチ：バーバラ

〈共通：顔裏〉

段数	目数	増減数
3	18目	+6目
2	12目	
1	わの作り目にこま編み6目編み入れる	

■ = ブローチピンつけ位置

〈共通：マズル〉

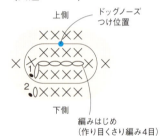

編みはじめ
(作り目くさり編み4目)

裏側を表にする

段数	目数	増減数
2	10目	増減なし
1	くさりの作り目にこま編み10目編み入れる	

〈共通：耳〉2枚

裏側を表にする

段数	目数	増減数
5	4目	-2目
4	6目	増減なし
3	6目	-2目
2	8目	増減なし
1	わの作り目にこま編み8目編み入れる	

82

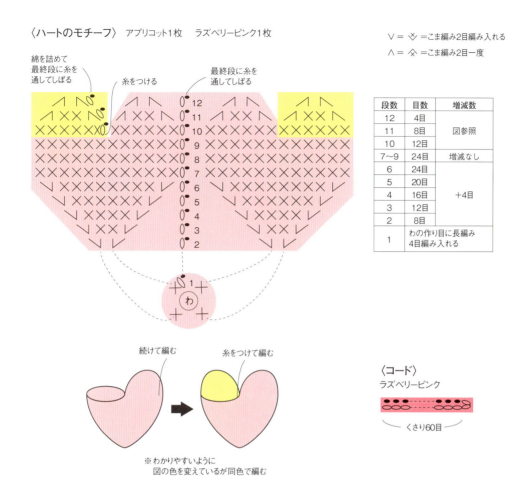

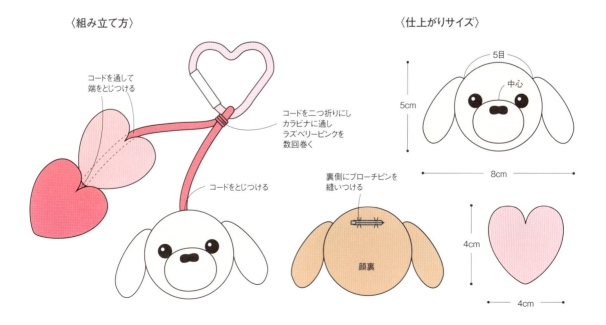

17 ウサギブローチ A・B [P.30]

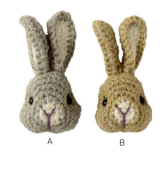

- [糸] A（グレー）：毛糸ピエロ グランディール 朧（おぼろ）(18) 11g、雪 (11) 3g
  B（ブラウン）：毛糸ピエロ グランディール マロン (06) 11g、雪 (11) 3g
- [針] かぎ針6/0号、とじ針
- [その他] 手芸用綿 各2g、ブローチピン25mm 各1個、刺しゅう糸（パープル）約40cm、ソリッドアイ（黒・7.5mm）各2個、手芸用接着剤
- [仕上がりサイズ] 図参照

[作り方]

1. 頭を編む。それぞれ指定の糸でわの作り目から編み図のとおりに13段目まで編む。糸端を約30cm残して糸をカットする。綿を詰めて残した糸をとじ針に通し、しぼり止めする。このとき、糸は切らずに残しておく。
2. 耳を編む。内耳を指定の糸で編み図のとおりに2枚編む。外耳は、指定の糸で編み図のとおりに1段目を編み、内耳を外表に重ねて一緒に2段目を編む。編み終えたら糸端を約30cm残して糸をカットし、根元を二つに折って巻きかがる。指定の位置に耳をとじつける。
3. 鼻筋を刺しゅうする。刺しゅう糸を12本どりにし、指定の位置にYの字に刺しゅうする。
4. 目をつける。頭で残した糸をとじ針に通し、裏から左右の目の位置に針を刺して目をくぼませる。ソリッドアイの足に接着剤をつけて差し込む。
5. 頭の裏側にブローチピンを縫いつける。

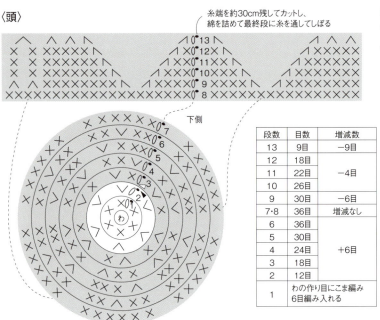

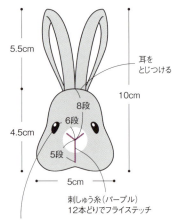

18 目玉焼きブローチ
Aワッフルタイプ B食パンタイプ [P.32]

[糸] A（ワッフルタイプ）：DARUMA iroiro レモン(31)1g、
　　オフホワイト(1)2g、ペールオレンジ(34)3g、ピンク(7)1g、
　　ラディッシュ(45)1g、苔(24)3g
　　B（食パンタイプ）：DARUMA iroiro レモン(31)1g、
　　オフホワイト(1)3g、ペールオレンジ(34)4g、ハニーベージ(3)5g、
　　ピンク(7)2g、ラディッシュ(45)1g、苔(24)3g
[針] かぎ針3/0号、6/0号、とじ針
[その他] 手芸用綿 各1g、ブローチピン25mm 各1個
[仕上がりサイズ] 図参照

[作り方]
1. ワッフルを編む。指定の糸でくさり20目の作り目から編み図のとおりに編む。13段目は上下を引抜き編み、脇をこま編み、角はくさり編み1目で一周92目で縁編みを編む。
2. 食パンを編む。指定の糸2本どり、かぎ針6/0号でくさり11目の作り目から編み図のとおりに13段目まで編む。14、15段目は指定の糸で一周56目の縁編みを編む。
3. 目玉焼きを編む。黄身は、指定の糸でわの作り目から編み図のとおりに編む。白身は、指定の糸でわの作り目から編み図のとおりに4段目まで編み、黄身を中表に重ねて綿を詰めながら一緒に5段目を編む。
4. レタスを編む。指定の糸でくさり8目の作り目から編み図のとおりに編む。
5. サラミを編む。指定の糸を引き揃えて2本どりにし、かぎ針6/0号でわの作り目から編み図のとおりに編む。これを2個作る。
6. ラディッシュを編む。指定の糸でわの作り目から編み図のとおりに編む。これを2個作る。
7. ハムを編む。指定の糸でわの作り目から編み図のとおりに編む。
8. 仕上げる。Aは下からワッフル、レタス、サラミ、目玉焼きの順に、Bは下から食パン、レタス、ラディッシュ、ハム、目玉焼きの順に重ね、それぞれ下から順に縫いつける。裏側にブローチピンを縫いつける（P.87組み立て方参照）。

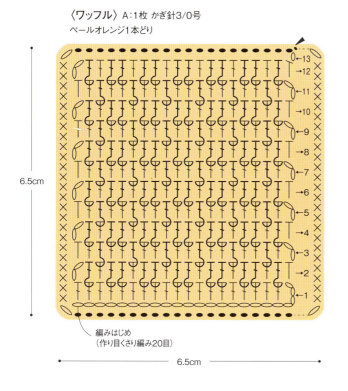
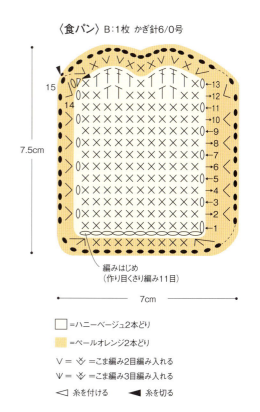

P.86へ続く→　85

〈共通：黄身〉各1枚 かぎ針3/0号 レモン

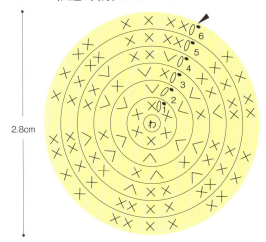

V = ⩔ ＝こま編み2目編み入れる
◁ 糸を付ける　◀ 糸を切る

段数	目数	増減数
5・6	24目	増減なし
4	24目	+6目
3	18目	
2	12目	
1	わの作り目にこま編み6目編み入れる	

※裏側を表に使う

〈サラミ〉A：2枚 かぎ針6/0号
ピンク・ラディッシュ各1本を引き揃え

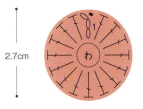

段数	目数	増減数
1	わの作り目に長編み16目編み入れる	

〈ラディッシュ〉
B：2枚 かぎ針3/0号

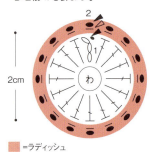

■ ＝ラディッシュ
□ ＝オフホワイト

段数	目数	増減数
2	16目	増減なし
1	わの作り目に長編み16目編み入れる	

〈共通：白身〉各1枚 かぎ針3/0号 オフホワイト

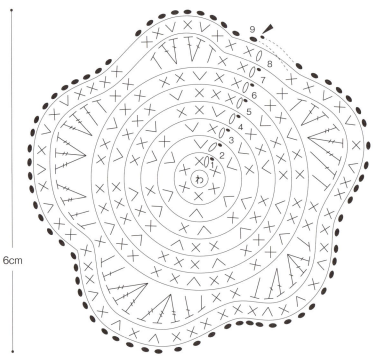

段数	目数	増減数
9	67目	増減なし
8	67目	+15目
7	52目	+16目
6	36目	
5	30目	
4	24目	+6目
3	18目	
2	12目	
1	わの作り目にこま編み6目編み入れる	

※5段めは黄身を中表に上に重ねて一緒に編む。途中で綿を詰める

〈共通：レタス〉各1枚
かぎ針3/0号 苔

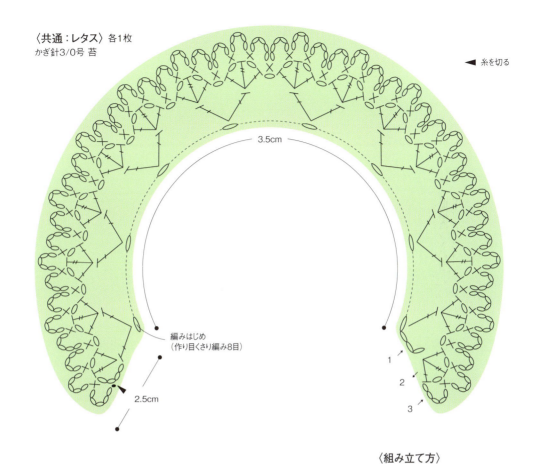

〈ハム〉B：1枚
かぎ針3/0号 ピンク

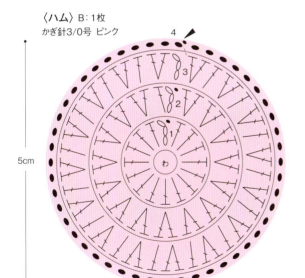

段数	目数	増減数
4	48目	増減なし
3	48目	+16目
2	32目	
1	わの作り目に長編み16目編み入れる	

〈組み立て方〉

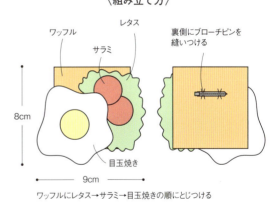

ワッフルにレタス→サラミ→目玉焼きの順にとじつける

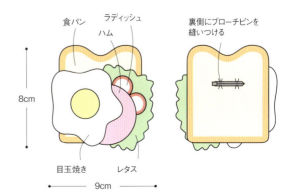

食パンにレタス→ラディッシュ→ハム→目玉焼きの順にとじつける

87

19 粟穂のキーホルダー A・B [P.34]

[糸] A：ハマナカ ピッコロ からし(27) 6g
　　 B：ハマナカ ピッコロ ピンク(47) 6g
[針] かぎ針4/0号
[その他] ハマナカ キャンバス・白(H202-226-1) 1枚、キーホルダー 各1個
[仕上がりサイズ] 図参照

[作り方]
1. 本体を編む。それぞれ指定の糸で、わの作り目から編み図のとおりに増し目をしながら11段目まで編む。
2. 1に、指定の大きさにカットしたキャンバスを差し込む。
3. 12、13段目を編み図のとおりに編み、キーホルダーを取りつける。

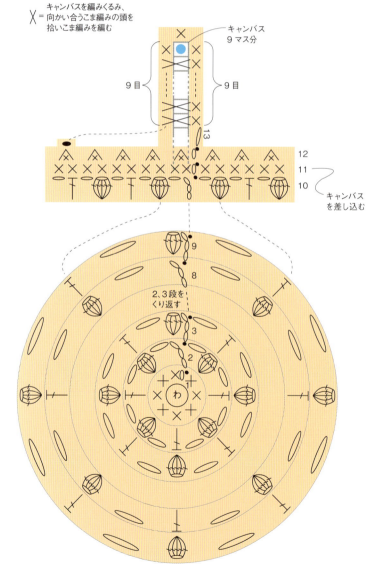

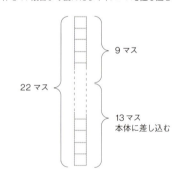

段数	目数	増減数	配色A	配色B
13	19	図参照	からし	ピンク
12	8	−8目		
3〜11	16	増減なし		
2	16	+8目		
1	わの作り目にこま編み8目編み入れる			

ハマナカキャンバスを1×22マスに切る
本体を11段目まで編んだらキャンバスを差し込む

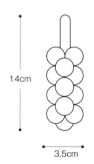

〈仕上がりサイズ〉
14cm
3.5cm

20 ネコのコースター A・B・C [P.36]

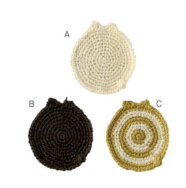

[糸] A：ハマナカ アメリーエフ《ラメ》白(601)10g
　　B：ハマナカ アメリーエフ《ラメ》グレー(611)10g
　　C：ハマナカ アメリーエフ《ラメ》からし(605)6g、白(601)4g
[針] かぎ針6/0号、とじ針
[仕上がりサイズ] 図参照

[作り方]
糸は2本どりで編みます。
それぞれ指定の糸で、わの作り目から編み図のとおりに増し目
しながら10段目まで編む。

〈本体〉

段数	目数	増減数	配色A	配色B	配色C
10	図参照				からし
9	54				
8	48				白
7	42				
6	36	+6目	白	グレー	からし
5	30				
4	24				
3	18				白
2	12				
1	わの作り目にこま編み6目編み入れる				からし

〈仕上がりサイズ〉

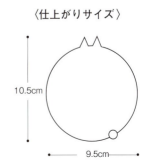

21 ネコのマグカップホルダー A・B・C [P.37]

[糸] A：ハマナカ アメリーエフ《ラメ》白(601)10g
　　B：ハマナカ アメリーエフ《ラメ》グレー(611)10g、白(601)2g
　　C：ハマナカ アメリーエフ《ラメ》からし(605)6g、白(601)5g
[針] かぎ針6/0号、とじ針、縫い針
[その他] スプリングホック(かぎ側のみ)7mm 各1個、縫い糸 白少々
[ゲージ] 模様編み20目17段=10cm
[仕上がりサイズ] 図参照

A　B　C

[作り方]
糸は2本どりで編みます。
1. 本体を編む。それぞれ指定の糸でくさり編み47目で作り目をし、往復編みで8段目まで編む。
　9、10段は1目めに引き抜いて輪にする。
2. しっぽを編む。指定の位置に糸をつけ、10段目まで編む。
3. 指定の位置にホックを縫い糸で縫いつける。

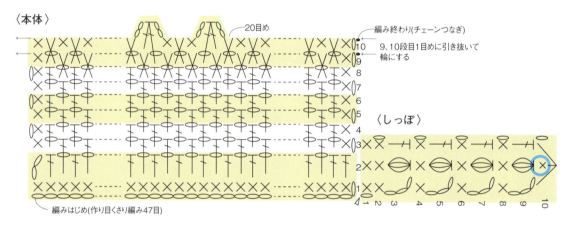

◁ 糸を付ける
◯ ホック取り付け位置

〈本体〉

段数	目数	増減数	配色A	配色B	配色C
10	53	図参照	白	グレー	からし
9					白
7、8	47	増減なし			からし
6、5					
3、4					白
1、2					からし
作り目	47				

〈しっぽ〉

段数	目数	増減数	配色A	配色B	配色C
10	1	−2目	白	白	からし
9	3	増減なし			
1〜8				グレー	

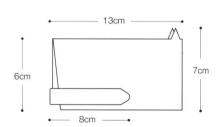

〈仕上がりサイズ〉

編み目記号表

引き抜き編み
前段の目に針を入れ、糸をかけ引き抜く。

 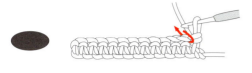  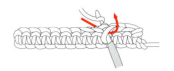

くさり編み
針に糸を巻き付け、糸をかけ引き抜く。

こま編み
立ち上がりのくさり1目は目数に入れず、上半目に針を入れ糸を引き出し、糸をかけ2ループを引き抜く。

 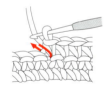 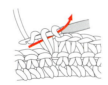

立ち上がり1目　　上半目に針を入れる。

こま編み2目編み入れる
同じ目にこま編み2目を編み入れる。

 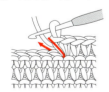 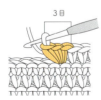

2目

こま編み3目編み入れる
同じ目にこま編み3目を編み入れる。

3目

こま編み2目一度
1目めに針を入れ糸をかけて引き出し、次の目からも糸を引き出し、糸をかけ3ループを一度に引き抜く。

 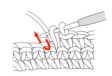 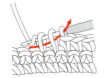 

1目減

91

編み目記号表

バックこま編み
編み地の向きはそのままで、左から右へこま編みを編み進める。

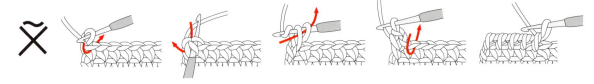

中長編み
針に糸をかけ上半目に針を入れ引き出し、さらに糸をかけ3ループを一度に引き抜く。

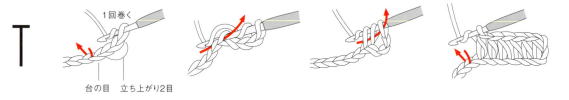

長編み
針に糸をかけ上半目に針を入れ引き出し、さらに糸をかけ2ループ引き抜くを2回繰り返す。

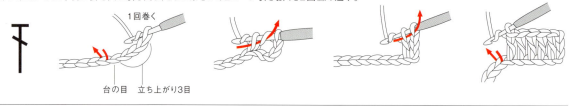

長々編み
針に2回糸をかけ前段の目に針を入れ、糸を引き出し、さらに1回糸をかけ2ループ引き抜くを3回繰り返す。

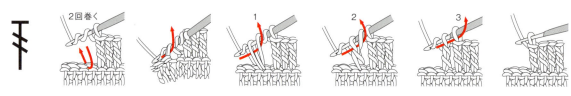

長編みの表引き上げ編み
前段の目の足を手前からすくい、長編みを編む。

長編みの裏引き上げ編み
前段の目の裏側から針を入れ、長編みを編む。

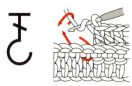

長編み2目編み入れる
同じ目に長編み2目を編み入れる。

長編み2目一度
矢印の位置に未完成の長編みを2目編み、糸をかけ一度に引き抜く。

 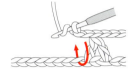  

こま編みの表引き上げ編み
前段の目の足を手前からすくい、こま編みを編む。

  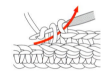

長編み3目編み入れる
同じ目に長編み3目を編み入れる。

 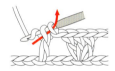 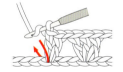 

長編みの表引き上げ編み2目一度
前段の目の足を手前からすくい、未完成の長編み表引き上げ編みを2目編み、糸をかけ一度に引き抜く。

長編みのすじ編み
前段の目の頭のくさり2本の奥側半目に針を入れ、長編みを編む。

  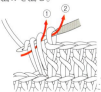

編み目記号表

中長編み3目の玉編み
同じ目に未完成の中長編み3目を編み入れ糸をかけ、一度に引き抜く。

   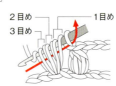

長編み4目のパプコーン編み
同じ目に長編みを4目編み入れ、一度針をはずす。※矢印のように針を入れ直し、引き抜く。くさり編みを1目編む。

  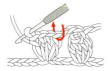 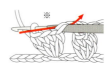  

チェーンつなぎ
編み終わりの目の糸を引き出し、とじ針で編み始めの目に通す。最後の目の頭に手前から針を入れて奥に出し、裏面で糸始末をする。

使用する主な材料と用具

作品を作るために必要なものを紹介します。毛糸はお好みのものを選びましょう。

[手芸用綿]
あみぐるみの中に詰める手芸用の綿。抗菌防臭、型崩れも起きにくい。

[かぎ針]
かぎ針編み用の針。2/0号から10/0号まであり、数字が大きくなるほど針が太くなる。グリップつきで疲れにくい。
ハマナカ アミアミ両かぎ針ラクラク

[とじ針（毛糸用）]
糸端の始末や編み地をとじ合わせる際などに使用する。

[手芸用バサミ]
糸を切る際に使用。針先が尖っているものが使いやすい。

作家からのメッセージ

本書に作品を提供してくれた5人の作家のプロフィール&メッセージです。インスタグラムやユーチューブなどで他の作品もチェックしてみてください。

andeBoo
編み物作家

5歳で編み物を始め、9歳で自分のセーターを編む。25歳で出会ったあみぐるみに心ときめいた。編み物は人生をわくわくさせてくれる。そんなわくわくの種を皆さんにもおすそ分け。さあ、編んでわくわくしましょ！

HP

Instagram

小鳥山 いん子
編み物作家・イラストレーター

名前の由来はインコ好きであることからですが、動物全般大好きで、動物をモチーフにしたちょっとリアルだけどかわいいニット作品を多く作ります。さらにあなたの味が加わった商品が世に出ることを私は楽しみにしています。
Instagram：https://www.instagram.com/inkokotoriyama

高際 有希
編み物作家

クラフトニットの「高際紡糸製作所」、ドールニットの「wool_wool_doll」として活動中。イベント出展、ワークショップ、手芸書籍デザイン提供など。ぜひ、アレンジなども楽しんでください！
Instagram：@yuki_takagiwa
@wool_wool_doll

眞道 美恵子
あみぐるみ教室「monpuppy」主宰

うちの子あみぐるみ作家の眞道美恵子です。この本では人気のトイプードルがシンプルな編み方と少ない目数で完成するように、ファンシーヤーンを使用しました。ふわふわな感触を楽しみながら、たくさん編んでくださいね。

monpuppy
もんぱぴ

LiLi nana*
編み物ユーチューバー

はじめまして。LiLi nana*です。主にYouTubeで活動させていただいています。なかなか珍しい商用OKの本ですが、皆さんの作家活動のきっかけやお手伝いになれたらうれしいです。ぜひ可愛い子を生み出してあげてください。
https://youtube.com/@lilinana

編集	武智美恵	素材提供	ごしょう産業株式会社 毛糸ピエロ
デザイン	伊藤智代美		https:www.gosyo.co.jp
	黒羽拓明		株式会社ダイドーフォワード パピー
撮影	島根道昌		http:www.puppyarn.com/shop/
	天野憲仁		TEL 03-3257-7135（代）
作品製作	andeBoo		ハマナカ株式会社
	小鳥山いん子		コーポレートサイト：hamanaka.co.jp
	眞道美恵子		TEL 075-463-5151（代）
	高際有希		横田株式会社　DARUMA
	LiLi nana*		http:www.daruma-ito.co.jp/
トレース・校正	ミドリノクマ		TEL 06-6251-2183（代）
	小鳥山いん子		

作って売れちゃう
あみぐるみと小物

2024年12月1日　　第1刷発行

編　者	日本文芸社
発行者	竹村　響
印刷所	株式会社文化カラー印刷
製本所	大口製本印刷株式会社
発行所	株式会社 日本文芸社
	〒100-0003
	東京都千代田区一ツ橋1-1-1
	パレスサイドビル 8F

Printed in Japan 112241115-112241115 Ⓝ01（201131）
ISBN978-4-537-22251-7
ⒸNIHONBUNGEISHA 2024
URL https://www.nihonbungeisha.co.jp/
（編集担当 牧野）

印刷物のため、作品の色は実際と違って見えることがあります。ご了承ください。
法律で認められた場合を除いて、本書からの複写・転載（電子化を含む）は禁じら
れています。また、代行業者等の第三者による電子データ化および電子書籍化は、
いかなる場合も認められていません。

乱丁・落丁本などの不良品、内容に関するお問い合わせは
小社ウェブサイトお問い合わせフォームまでお願いいたします。
ウェブサイト　https://www.nihonbungeisha.co.jp/